让员工自愿奋斗
构建高效股权激励体系

娄 宇◎著

中国铁道出版社有限公司
CHINA RAILWAY PUBLISHING HOUSE CO., LTD.

图书在版编目（CIP）数据

让员工自愿奋斗：构建高效股权激励体系 / 娄宇著 . —北京：中国铁道出版社有限公司，2024.6
ISBN 978-7-113-30892-6

Ⅰ.①让… Ⅱ.①娄… Ⅲ.①企业管理-股权激励-研究 Ⅳ.①F272.923

中国国家版本馆 CIP 数据核字（2024）第 055467 号

书　　名：让员工自愿奋斗——构建高效股权激励体系
　　　　　RANG YUANGONG ZIYUAN FENDOU: GOUJIAN GAOXIAO GUQUAN JILI TIXI

作　　者：娄　宇

责任编辑：吕　芠　编辑部电话：（010）51873035　电子邮箱：181729035@qq.com
封面设计：仙　境
责任校对：苗　丹
责任印制：赵星辰

出版发行：中国铁道出版社有限公司（100054，北京市西城区右安门西街8号）
网　　址：http://www.tdpress.com
印　　刷：三河市宏盛印务有限公司
版　　次：2024年6月第1版　2024年6月第1次印刷
开　　本：710 mm×1 000 mm　1/16　印张：15　字数：205千
书　　号：ISBN 978-7-113-30892-6
定　　价：79.00元

版权所有　侵权必究

凡购买铁道版图书，如有印制质量问题，请与本社销售服务部联系调换。电话：（010）51873174
打击盗版举报电话：（010）63549461

前　言

股权激励是十多年前最热门的话题之一，很多企业家虽然听说过它，却不知道是否适合自己的企业，更不知道该如何具体地实施。但如今的股权激励，已成为广大企业普遍关注的热点话题，实施股权激励的企业数量正在逐年攀升，部分企业更是将股权激励当作常态化、阶段性的中长期激励手段。

根据2024年1月发布的《2023年度A股上市公司股权激励实践统计与分析报告》，截至2023年底，A股5 300多家上市公司中，有超过2 900家实施了股权激励。仅2023年度，上市公司股权激励计划公告总数就达到了666份，其中创业板、科创板占比分别为34.53%、24.92%。

企业对股权激励如此青睐，也是因为它是企业稳定和吸收人才必不可少的激励手段。企业通过有条件的授予激励对象部分股权、期权或其他股东利益，能够将员工与企业的利益"绑定"成为利益共同体，员工为了维护自身利益，会自觉地为企业稳定、健康发展而努力奋斗，从而降低企业的发展风险，提升经营效果。另外，股权激励本身拥有丰富的内涵，可以进行不同的设计和安排，以达到引人、留人、提升业绩、降低成本压力、优化治理结构、提升融资能力等多方面的目的。因此，股权激励已成为公司必不可少的管理工具之一。

然而，在关注这些优势的同时，我们也不能忽视企业在实施股权激励时遇到的种种困难。这固然有外部环境的原因，也有企业自身的问题。比如，我国证券市场存在一定的信息不对称的现象，上市公司的股价有时与真实价值存在背离，导致股价不能如实地反映激励对象的实际努力程度，造成股权激励效果不理想；再如，部分企业缺乏科学合理的公司业绩评价体系和员工绩效考核体系，导致股权激励缺乏足够的数据依托，激励人选、激励数量难以服众，激励效果可想而知；又如，有些企业监督约束机制不健全、不完善，股权激励还是无法将代理人的利益和股东利益真正统一起来，代理人有可能从自身利益出发做出短期行为，对企业和股东的利益造成损害。

那么，如何明确股权激励的目的，以更好地发挥其作用？如何设计股权激励的方案，确保每一环节能够顺利执行？如何定好股权激励的对象，不让股权激励变成平均主义"大锅饭"？如何选择最适合本企业的股权激励模式，激活员工的工作积极性？如何确定股权激励的数量、价格、条件，以达到最好的激励效果？如何把握股权激励的细节，防范可能出现的风险……凡此种种问题，本书都将会从实务操作的层面详细解答。

目前关于股权激励的书籍、文章数量很多，其中也有不少优秀的作品，但是，很多书籍对国外企业的股权激励制度介绍得非常详尽，却忽略了与国内法规、市场的实际情况"接轨"，难以对国内企业发挥指导作用；还有一些书籍过于强调学术性，内容深奥难懂，也未做到与实践相结合，不便于企业家、管理者和从事股权激励相关工作的人士阅读学习。

本书在编撰中注意规避这些问题，书中既有系统的理论支撑、法律法规参考，又有实操性极强的解决方案，文字通俗易懂，更容易被读者接受。

从"定目的"开始，本书对股权激励常用的"9D模型"进行逐一探讨，无论企业是正在进行股权激励的规划，还是在实施过程中遇到了障碍；无论企业正处于什么样的发展阶段，都可以在本书中找到对应的内容答疑解惑。本书还提供了近年来国内知名企业股权激励的真实案例，数据新颖、方案详细，参考性极强。

在写作过程中，众多企业管理层、股权激励专家对我们的工作提供了支持，并无私地分享了股权激励方面的经验和体会，丰富了本书的内容，在此向他们表示最诚挚的感谢。

娄　宇

2024 年 3 月

目　录

第一章　高效激励：股权是让员工自愿奋斗的"核动力" ………… 001

　　一、激励为什么能够唤醒员工的"内驱力" ………… 002

　　二、不要等到企业"病入膏肓"，才想起股权激励 ………… 006

　　三、马斯洛需求理论：用股权激励满足员工各方面的需求 ………… 010

　　四、有了薪酬激励，为什么还需要股权激励 ………… 012

　　五、为什么选择股权激励，而不是股权奖励 ………… 015

　　六、如何理解"股权激励是散财不是散股" ………… 018

　　七、为什么说企业家的高度决定股权激励的高度 ………… 020

第二章　因地制宜：股权激励并非"一股就灵" ………… 023

　　一、为什么有的企业不适合做股权激励 ………… 024

　　二、初创企业想让员工铆足劲儿干，靠股权激励还是奖金 ………… 027

　　三、成长期公司如何依靠股权激励实现长期发展 ………… 030

四、成熟期公司如何释放下层股权，盘活员工活力 ………… 032

　　五、衰退期公司如何抓牢员工的心，延长企业寿命 ………… 035

第三章　定好目的：股权激励不应是赶潮流与模仿 ………039

　　一、做好调研诊断，掌握信息才能"对症下药" ………… 040

　　二、明确目的，走出股权激励的关键第一步 ………… 043

　　三、以业绩增长为核心，而不是简单地"分蛋糕" ………… 047

　　四、降低成本压力，保证健康的现金流 ………… 049

　　五、给人才戴上"金手铐"：利空还是利好 ………… 052

　　六、优化治理结构，助力企业获得竞争优势 ………… 055

　　七、提升企业融资能力，降低融资成本 ………… 057

第四章　定好对象：股权是稀缺资源，一定要用在刀刃上 ………061

　　一、回归股权本质，什么样的人才适合被股权激励 ………… 062

　　二、用"杯酒释兵权"的股权激励方式奖励"功臣" ………… 065

　　三、高管不愿与企业同甘共苦，股权激励能否改变现状 ………… 067

　　四、用好"80/20"法则，激励骨干人才 ………… 069

　　五、金色降落伞：为功成身退的老员工保驾护航 ………… 073

　　六、设立"期权池"，吸引未来和潜在的人才 ………… 075

　　七、用股权激励"绑定"上下游和企业重要利益相关者 ………… 078

第五章　定好模式：选择适合公司现状的一套"组合拳" ………… 081

　　一、业绩股票：业绩才是激励的"王道" ………… 082

　　二、股票期权：将公司价值与雇员利益直接挂钩 ………… 083

　　三、虚拟股票：物质激励与精神激励并重 ………… 086

　　四、股票增值权：通过股票增值获利 ………… 088

　　五、限制性股票：自带"解锁条件" ………… 091

　　六、期股：部分首付，分期还款 ………… 094

　　七、延期支付：有偿售予，延期方法 ………… 096

　　八、管理层员工收购：成为公司股东，共担风险利益 ………… 098

　　九、员工持股计划：充分调动员工积极性 ………… 100

第六章　定好数量、价格：激励不足或激励过量都是错 ………… 104

　　一、定好总量：解决股东与激励对象之间的公平性问题 ………… 105

　　二、定好个体数量：解决激励对象之间的公平问题 ………… 107

　　三、牢记公司股份"生死线"：67%、51%、34% ………… 109

　　四、上市公司定价：在"合规"的前提下体现激励力度 ………… 112

　　五、非上市公司如何准确确定公司估值 ………… 115

　　六、非上市公司确定股权激励价格有哪些"套路" ………… 118

　　七、拟上市企业股权激励定价如何操作 ………… 120

第七章 定好时间：抓紧"对的"时间，做好"对的"事情 ……… 123

    一、有效期：防止短期行为发生 ……… 124

    二、授予日：一切时限的开始 ……… 126

    三、等待期："绑定"员工的关键 ……… 127

    四、行权期：期限并非越长越好 ……… 130

    五、限售期：避免对股价造成打压 ……… 132

第八章 定好来源：股权激励的股份和资金到底从哪里来 ……… 135

    一、股东转让：用"做减法"的形式解决股份来源 ……… 136

    二、股份回购：回购股份算不算"利好" ……… 138

    三、定向增发：避免股权稀释过多或过快 ……… 140

    四、资金来源：把握好"风险与利益对等"的原则 ……… 142

第九章 定好条件：只激励不约束，梦想永远照不进现实 ……… 145

    一、授予条件：保证股权激励公平的必要基础 ……… 146

    二、行权条件：科学界定，才能激励到位 ……… 149

    三、制定科学、合理的绩效考核标准 ……… 152

    四、将部门绩效与个人绩效有机结合 ……… 157

    五、引入"海氏评估法"，解决公平问题 ……… 160

    六、综合评定：防止激励对象"搭便车"行为 ……… 163

第十章　定好机制：股权激励需要一整套机制的配合 ………… 167

　　一、进入机制：选对人设定标准，不要把激励当作福利 ………… 168

　　二、调整机制：确保激励计划面对变化平稳运行 ………… 170

　　三、退出机制：好聚要好散，合理安排退出机制 ………… 173

　　四、家族企业的股权激励与内部利益协调 ………… 177

　　五、阿米巴如何进行股权激励设计 ………… 180

　　六、子公司如何实施股权激励 ………… 182

　　七、品牌连锁店怎么制定股权激励机制 ………… 185

第十一章　确保落实：股权激励如何顺利落地 ………… 188

　　一、超额利润式：满足核心高管的现金需求 ………… 189

　　二、在职分红式：如何做到100%激活员工 ………… 191

　　三、"135渐进式"落实，产生持续激励效果 ………… 194

　　四、稳健运行：发挥各级管理机构的作用 ………… 196

　　五、贯彻企业文化，打造股权激励的"定海神针" ………… 198

　　六、做好风险防范：股权激励是一把"双刃剑" ………… 202

第十二章　实战案例：点燃星星之火，激活企业生命力 ………… 206

　　一、苹果：万亿级市值公司如何留才 ………… 207

　　二、谷歌：为什么要对厨师进行股权激励 ………… 209

三、华为：全员持股公司的"科学分钱"办法 ………… 211

四、小米：灵活有效的多种激励模式 ………… 214

五、腾讯：实现公司与员工的双赢 ………… 217

六、百度：公司不同发展阶段的股权激励 ………… 219

七、京东：多维度、全方位激励人才 ………… 221

八、联想：35%的股权如何分配 ………… 223

九、方太：家族企业的"全员身股制" ………… 225

第一章

高效激励：股权是让员工自愿奋斗的"核动力"

一、激励为什么能够唤醒员工的"内驱力"

激励是管理学中的一个重要术语。管理者要用各种有效的方法去激发员工的激情，使他们产生强烈的动力，愿意主动完成组织或企业的各种目标，继而可以实现自我成功、获得自我成就。而从心理学的角度看，员工的各种行为都有一定的动机，动机又源于内在的、亟待满足的需求，激励就是"动机系统"被激发后出现的一种活跃的状态，它会促使员工为了一定的期望和目标付出努力。

在现实中我们会看到，同样一名员工，有时表现得积极努力、干劲十足；有时却消极怠工、不思进取，这种现象的背后就藏着"激励"的影子。一位哈佛大学教授曾经说过："激励可以调动员工的潜能，让原本平庸的人员变得格外优秀，而那些本来就能力出众的人员则更可以充分发挥所长，能够为组织创造更多价值。"

他曾经到一些工厂做过实地调研，并收集了大量的资料。研究发现，在那些实行计件工资、缺乏任何行之有效的激励制度的工厂里，员工们大多只是用"当一天和尚撞一天钟"的态度来对待自己的工作，其能力只能发挥20%～30%。可若是通过各种办法对这些员工进行激励后，他们中有一些人甚至能够发挥出80%～90%的能力。这样不仅工厂业绩大为提升，员工的精神面貌、创造力、学习精神等也都会出现翻天覆地的可喜变化。

如何激活员工的"内驱力"，沃尔玛为我们做出了一个最好的榜样。

沃尔玛是世界上最大的零售企业之一，从1962年第一家连锁店创办以来，沃尔玛一直保持着较高的发展速度，并连续多年位居《财富》杂志评选的世界500强企业名单榜首。

沃尔玛旗下拥有160万员工，为了管理好这支庞大的队伍，沃尔玛的创始人萨姆·沃尔顿提出了"尊重每一个员工""每天追求卓越"等理念，还总结出"事业成功的十大法则",其中有七条与人才激励有关。沃尔顿想要以此来提醒沃尔玛的各级管理者一定要重视人才的价值,要始终把公司员工当作是最宝贵的资源,用各种办法去挖掘和发挥出员工身上的巨大的潜力。

在沃尔玛,员工被当作是企业的"合伙人",他们可以通过工资、奖金、红利、股票折让等多种方式"共享"自己创造的企业财富,多劳多得,这也让他们将自己的利益与企业的发展紧密联系,能够做到与企业共同进退。为了更好地激励和鼓舞员工,沃尔玛在总部和各个分店的橱窗中悬挂表现优异的员工的照片,并会对其中贡献特别突出者授予"山姆·沃尔顿企业家"称号。不仅如此,沃尔玛还十分重视留住人才,对于优秀的人才总是能够给予应有的晋升机会,在企业内部为他们提供更多的展现才华的舞台。

沃尔玛还会定期向员工公布店铺经营信息、业绩情况及未来的经营规划,同时还对普通员工设有接待窗口,欢迎他们随时随地发表自己对于经营管理方面的意见和建议。如果员工对自己的上级感到不满,也可以直接报告公司管理层,管理层会派出专员进行调查,看看是否存在员工反映的问题,一旦发现问题就会马上解决。

在这种情况下,每位员工都能够把自己当作是沃尔玛的主人,他们常常会自信地对顾客说:"我们沃尔玛的员工与众不同。"在工作中,他们也能努力向顾客提供最为满意的服务,而顾客满意的结果就是业绩的直线上升,沃尔玛能够在全球大获成功的奥秘也正在于此。

沃尔玛之所以能够获得巨大的成功,就是因为这家企业能够充分认识"人"的价值,很好地管理人才、激励人才,调动出"人"的积极性、主动性、创造性,为企业带来源源不断的发展动力。

既然激励能够发挥如此巨大的作用,作为企业经营者和管理者,就一定要将激励放在非常重要的地位,要学会运用"激励处方"去解决实际问题，激活员工的"内驱力"，释放他们强大的潜力，才能更好地推动员工个人成长和企业不断发展壮大。

那么，用什么方式才能最好地激励员工呢？一般人们所能想到的最直接的激励方式就是物质激励，如员工的工资、奖金、福利等。它们能够满足员工的物质需要，可以让员工获取更多自己需要的资源，所以在激励体系中是必不可少的，但物质激励并不是万能的。一位沃顿商学院管理学教授曾说："如果管理者一味依靠物质激励，却忽视其他激励手段，那就很有可能会导致相反的结果。"

因此，企业想要激励员工，就要改变单纯依靠物质的做法。其实激励手段有很多种，但究竟如何选择、如何搭配，需要企业充分研究员工的真实需求，综合采用多种手段，以激发员工的责任感、积极性和对组织的归属感，促进他们养成良好的行为习惯，构建良性的内部环境。

具体来看，常见的激励类型主要有以下几种。

1. 物质激励

物质是不可缺少的激励手段，但是给多给少有讲究。比如，企业应当尽量提供具有市场竞争力的薪酬来吸引人才的目光；另外，薪酬必须与工作绩效挂钩，要奖励表现优秀者，同时一定要保证公平，即薪酬水平应反映岗位责任和能力的大小，反映出工作态度的区别，使员工所获得的金钱多少与其对企业的贡献度完全符合，这样才能达到既奖励先进又能被大多数员工所接受的效果。

2. 精神激励

精神激励是一种满足员工内在精神需求的激励方式，这种激励是无形的，但产生的效果非常巨大。比如，企业可以对表现优秀的员工给予表扬、发奖状、通报表彰等。这样能够大幅度地提高员工的自豪感、荣誉感，激发他们锐意进取的精神，使他们能够做出更加优秀的业绩；再如，企业关心员工在生活中遇到的困难，尽量为他们提供解决方案，同时给予他们足够的信任和体谅，对他们的工作给予支持等，能够让员工在感动之余激发向心力和归属感，将自己真正视为企业的一分子，愿意为之奉献自己的全部力量。

3. 目标激励

目标能够为行动指明方向，也能够产生强大的激励作用。企业在激励员工时可以采用这种方法，让员工看到企业宏伟的发展目标和个人美好的前景。事实上，越是高层次的人才就越重视企业的未来，因为企业不断发展壮大，事业蒸蒸日上，人才的自我实现才越有保证。同时，企业在发展的过程中，也要注意满足员工对自我实现的渴望，不断给他们提供个人成长的机会，对他们进行培训、教育，提高他们的职业技能，开拓他们的视野，全面提升他们的个人价值和组织绩效，并为有能力者提供晋升的空间，使他们能够更加投入地为企业多做贡献。

4. 奖惩激励

激励不一定都是正面的肯定或表扬，有奖有罚才是最有效的激励方式。奖励得当，能够给优秀者以鼓励，调动他们的积极性，给其他员工做出榜样；惩罚得当，能够警醒落后者，鞭策他们消除不良行为，并让其他员工引以为戒。如果企业只对优秀者奖励，而不对落后者惩罚，就会让落后者缺少危机意识，并会滋生出一种得过且过的心态，这对于企业和员工个人的发展都是相当危险的。因此，企业要用好惩罚这种"负激励"手段，但要注意不要伤害被惩罚者的自尊心，并注意为被惩罚的员工疏导挫折心理，以免影响他们的工作状态。

5. 工作激励

对于一名普通的员工来说，如果他认为自己从事的工作枯燥乏味、毫无乐趣，那么他在工作中就会缺少主动积极性，只会应付任务，当一天和尚撞一天钟。反之，如果员工觉得工作充满挑战性，很有乐趣，完成任务更会给自己带来巨大的成就感，那么他就会加倍努力地投入到工作中去，这就是工作本身带给人们的激励效果。

因此，管理者不妨合理调整工作的难度和复杂程度，丰富工作方式，以增加工作的挑战性，减少枯燥感。另外，管理者还可以试着让员工在同一层级和能力要求的工作岗位之间互相调换，培养员工多方面的能力，并帮助员工找到最适合自己的工作。此外，管理者还可以尝试让员工参与管理，如组建各层次的质量监督小组，定期检查和讨论质量监督的难题，让员工积极发言，为企业献计献策等。凡此种种都能够提升员工工作的兴趣，大大增强他们的工作积极性。

在众多激励手段和方法中，股权激励越来越受到企业的关注。这是因为股权激励具有一定的特殊性，它既是一种物质激励，能够给激励对象带来非常丰厚的物质回报；又是一种精神激励，能够让激励对象获得被尊重、被认可的感受，有助于激发他们的工作热情和潜能。

不仅如此，股权激励还是一种文化激励，它代表着尊重人才、关注人才成长的企业理念，也能够在企业内部形成个人与企业"共同成长、共筑梦想"的文化氛围，因此，能够不断提升员工的归属感。

正因如此，股权激励才会成为目前企业激励最热门的话题之一，如果运用得法，会发挥出积极的作用，不仅能够使员工发挥自己的全部潜能，还会使员工真正将自己看作是企业的一分子，和企业同甘苦、共命运。

二、不要等到企业"病入膏肓"，才想起股权激励

如今的商业环境用"瞬息万变"来形容毫不夸张，企业与企业之间的竞争早已从产品、技术、服务的竞争转向了人才的竞争。美的集团创始人何享健曾说道："宁愿花费100万元的代价，也要留住一个对公司有贡献的人才。"从中不难看出企业对人才的强烈渴求。

自2019年以来，无论是生产制造行业，还是人工智能、大数据行业，以及能源环保、医疗健康等行业对人才的需求都呈现出爆发态势。作为企

业最具价值的资源，人才的意义毋庸置疑。

那么，如何才能打赢具有决定性意义的"人才保卫战"，留住和吸引对企业最有价值的人才？如何对他们进行长期激励，使他们能够始终保持旺盛的热情，愿意为企业的发展贡献智慧和汗水？解答这些问题的关键就是"股权激励"。

股权激励诞生于20世纪50年代，第一个尝试者是美国菲泽尔公司。1952年，该公司发现了一个制约发展的严重问题：当时为提高高管的工作积极性，公司向他们发放了超高额度的薪酬，从理论上讲，高薪会对高管形成有效的激励，谁知却事与愿违。究其原因，是高管们获得的现金收入被高昂的所得税率"吃掉"了不少，不难想象他们对此会有怎样的怨言。幸好菲泽尔公司发现当时美国的资本所得税率远低于员工个人所得税率，于是他们创造性地推出了第一个股权激励计划，把高管的薪酬拆分为"现金"和"股权"两部分，这样就能有效降低个人所得税。

谁能想到，股权激励最初的目的是避税，但是在具体实施中却给公司带来了很多意外的惊喜——高管们的工作热情和创造力得到了充分的激发，公司业绩也有了明显的起色。这样的做法自然会引起有识之士的注意和效仿，一位名叫路易斯·凯尔索的律师就从中获得了灵感，设计了最早的"员工持股计划"，这种计划模式能够兼顾高管和普通员工的长期激励，而且激励效果比较明显，于是"员工持股计划"很快就在美国流行开来。到20世纪90年代，股权激励的优势已经充分显现，人才能够从中获得可观的财富，公司不但降低了激励成本，还提升了激励的效果。于是众多公司纷纷引进，到1997年，美国已经有一半以上的上市公司实施了股权激励。

我国的股权激励看似起步较晚，其实回溯历史，就会发现，股权激励的萌芽早已悄然出现。晋商中的"身股制度"已经非常接近现代股权激励。晋商在明清时代活跃于流通领域，在实行激励时采用"出资者为银股，出力者为身股"的模式，即东家出资，对票号盈亏负无限责任；掌柜等重要的职员以人力入股,可以参与分红,但不对盈亏负责。盈利越多,分红自然就越可观,普通的薪金根本无法与之相比。当然,员工想要获得"身股"也不是一件容易的事情,首先它需要员工具备一定的经验、才能;其次是在工作中未出现重大过失;最后员工还要获得东家和各股东的认可,才可以开始"顶身股"。这一点与股权激励的进入机制有一些相似之处。

最初"身股"的份额极少,但随着票号规模不断扩大,"身股"比例不断增长,实际"顶股"的份额就会越来越多,因此,员工会很自然地把自己的个人利益与票号整体利益相关联;另外,"身股"不能转让、不可继承,这也与股权激励类似,能够起到良好的激励和约束的作用。

从股权激励的发展历史来看,它实质上是公司整体薪酬体系的一部分,也是一种非常长效激励工具。它的出现,能够弥补公司激励不足的问题。采用股权激励后,员工迸发出的持续热情是现金薪酬激励无法比拟的,而这主要体现在以下几个方面。

1. 股权激励带来的是一种心态的根本改变

在实施股权激励后,企业内部的员工从普通雇员"升格"为股东,经理人从代理人转变为公司合伙人,从表面上看只是多了一个身份,但实质上却能够扭转固有的"打工心态"。

"打工心态"是消极的,持这种心态的员工往往会认为企业的发展与自己无关,自己工作的目的只是领取一份"过得去"的薪水,像这样去应付工作,员工自己难以获得提升,企业也会缺乏长久发展的动力。而股权激励却会让员工的心态变得积极起来,他们会更加关心企业的经营状况,也会主动去避免做出损害企业利益的不良行为。在企业快速发展的同时,员工个人的价值也能得到充分实现。

晋商中的杰出代表毛鸿翙便是一个绝好的例子。他出身贫寒,从学徒做起,后来到票号担任掌柜,顶有身股。在出任大掌柜的20年中,他竭尽全力改善经营,取得了卓越的成绩,东家对他的才能十分认可,又聘请他兼任另一个分号的大掌柜。随着个人积累的经验、资本越来越丰富，他开始创建自己的产业，后来也开办了票号，成为实力雄厚的大商家。这个例子也告诉我们，唯有摆脱消极的打工心态，把工作当作毕生的事业来做，才能取得非比寻常的成就。

2. 股权激励能够从外部吸引优秀的人才

企业想要获得长足的发展，其内部环境就不能是"一潭死水"，而是应当不断地从外部吸收新鲜血液，改良组织结构，促进良性竞争，才能让企业焕发出持久的生命力。

因此，企业应当尽早推出股权激励计划，以便对外界释放积极的信号。那些正在寻找心仪岗位的优秀人才会发现，这家企业不会用固定工资来衡量一个员工的"身价"，而是用股权激励给予员工真正的"实惠"。而且拥有股权或期权也是一种"身份"的象征，代表企业对人才的尊重和认可，那些渴望获得自我实现的高层次人才对此也会非常欢迎，企业便能借此充实"人才库"，并能够在业内赢得良好的口碑。

3. 股权激励能够降低企业的人力成本

人力成本和其他成本一样，都是企业发展不可忽视的重要因素，特别是在当下，各项法律法规对于工资、社保方面的规定越来越精细化，管控非常严格，由此会导致企业的人力成本不断上升，给企业的发展造成一定的压力。

想要缓解这种压力，采取股权激励也是一个很好的办法。在现金流捉襟见肘的时候，用股权吸引优秀人才的目光，达到引人、留人的目的，能够支持企业的高速发展。待到实现业绩目标后，企业再兑现承诺，向人才发放收益，既不会延误或干扰正常的发展步调，又不会引起人才的不满，可谓一举两得。

综上所述，实施股权激励是非常必要的，即使是非上市公司，也应尽早把股权激励纳入发展的顶层设计中。千万不要等到企业"病入膏肓"，无力应对竞争对手的高薪"挖角",无法解决人才大量流失的问题时,才想起股权激励,那就为时晚矣。

三、马斯洛需求理论:用股权激励满足员工各方面的需求

股权激励为什么会成为企业经营的利器?我们还可以从"马斯洛需求理论"中寻找答案。

马斯洛是美国著名社会心理学家,他在《人类激励理论》一书中指出,人的需求可分为五个层次,分别是生理需求、安全需求、归属与爱的需求、尊重需求和自我实现的需求。这五种需求组成了一个"需求金字塔",在人生中的某个阶段,会有一种需求占据主导地位,其他需求则处于从属地位。

具体来看,位于"需求金字塔"最底层的是"生理需求",是指我们为了维持生存必须满足衣、食、住、行各方面的需求。只有满足这些需求,我们才有精力去追求更高层次的需求。就像我们还在为吃饱、穿暖而发愁的时候,就不可能有心情去追求所谓的"自我实现"。

在"生理需求"之上是"安全需求",是指我们想要保障自身和财产的安全,想要具备应对意外损失和伤害的能力。比如,有的人在生理需求得到满足后,就希望找一份有良好福利制度和保障措施的工作,也希望能够为将来养老做好必要的准备,这就是安全需求的体现。

"安全需求"之上是"归属与爱的需求",是指我们渴望获得他人的理解、关爱,也希望能够成为组织中的一员,可以与其他成员相互合作、相互扶持。如果这样的需求能够得到满足,我们就能够获得归属感、友情、爱情、亲情,而这能够帮助我们摆脱内心深处的孤独感,会让我们感到非常充实、快乐。

在上述几种需求得到满足后,我们会想要获得更多,而他人的"尊重和认可"就是其中之一。也正因如此,我们会积极主动地参加专业活动、取得学术成就,或是参加一些比赛、考核,或是主动学习一些技能等,这

会让我们在各种情境中显得有实力、有胜任感、有自信心，能够得到别人的高度评价，而自己也觉得"活着是一件有价值的事情"。

最后是"自我实现的需求"，也是最高层次的需求，是指我们渴望个人理想、抱负得以实现，能力得到最大程度的发挥，从而可以打造出一个最理想的"我"。

在"需求金字塔"中，位于低层次的需求得到实现后，我们就会开始追求上一层级的需求，由此推动着自己走上进步和发展的道路。

用"需求理论"来分析股权激励，我们会发现它具有多种激励效能，可以满足激励对象在不同时期、不同层次的需求。

1. 满足激励对象对于现金利益的需求

参与股权激励计划的员工，能够获得工资、奖金之外的额外收入，可以借此满足生活所需，并且会有余力提升生活质量，因此，能够很好地满足最基础的生理需求。国内某互联公司的一位员工在 2014 年入职，随后获得了公司的股权激励，随着公司估值急速膨胀，这位员工的财富也飞速增加，提前实现了"财务自由"，十年后，他选择离职去过理想的"退休"生活。这样的例子虽然不多见，但股权激励确实能够给员工带来实打实的利益，因此，会对员工产生强大的吸引力。

2. 满足激励对象对于安全方面的需求

股权激励带给员工的收益是触手可及的，并且还有很多可期待的未来收益，能够减少员工的"后顾之忧"。不仅如此，股权激励在实施时往往都有一定的附加条件，比如，要求员工几年内不得离职，否则目标利益会遭受一定的损失。从表面上看，这对员工是一种限制，但它也能够起到"稳定军心"的作用，可以满足员工对于安全感的需求，使他们能够安心投入工作，为企业创造更大的价值。

3. 满足激励对象对于归属感的需求

我们都很清楚，企业管理者与员工关注的利益点并不完全一致，如管理者会重视企业的长远发展和各项投资收益，而员工却会从自身角度出发，更关注个人的收益和未来的发展前景。由此造成二者之间的分歧和矛盾，甚至出现员工为了追求个人利益而损害企业整体利益的行为。

但是在实施股权激励后，员工会发现个人利益与企业整体利益逐渐趋于一致。于是，企业和员工将会形成牢不可破的共同体，员工在工作中的归属感也会增强，他们会将自己视为"主人翁"，而不是普通的"打工人"，这种对身份的认同将让员工产生更强的工作积极性。

4. 满足激励对象对于尊严和话语权的需求

在生理需求、安全需求、归属感需求得到满足后，员工自然很渴望获得更多的认可和尊重，而被纳入企业股权激励计划的员工，特别是公司的核心人员对于企业的发展具有一定的发言权，他们的意见能够获得管理层的尊重和倾听，这不但能够满足员工的"尊重需求"，还能帮助企业管理者收集到有价值的反馈，对经营决策具有良好的参考作用。

5. 满足激励对象对于自主发展、自我实现的需求

很多个人能力突出的员工，在前几种需求获得较好的满足后，会渴望寻求更好的发展路径。

股权激励方案也会考虑员工这部分的需求，为他们提供一些锻炼的机会，或是合理的晋升通道，这样不但能够加速员工的成长，而且能赢得员工的高度忠诚，有助于实现让员工自我奋斗的目标。

四、有了薪酬激励，为什么还需要股权激励

很多企业经营者常常会发出这样的疑问：既然已经有了薪资激励，为什么还要再对员工进行股权激励呢？逢年过节的时候多给员工发一些奖金，不就能够达到激励的目的了吗？这样的想法显然是不够全面和准确的。

事实上，股权激励和薪酬激励有很多区别，而且股权激励在引进人才、

提升绩效、改善组织架构、降低管理成本、提升企业核心竞争力等方面都能起到积极的作用，因此，它会成为现代企业不可或缺的管理工具。根据美国《财富》杂志的统计结果，在美国排名前500位的公司中，大多数都对核心管理人员、技术骨干实行了股权激励，其中包括谷歌、沃尔玛、亚马逊、苹果、微软等全球知名的企业。

微软很早就实行了股权激励。1981—2003年，微软在工资、年度奖金之外，还会对员工授予股票期权。随着公司股价不断攀升，很多员工都从中享受到了丰厚的收益，微软也因此聚拢了大量行业顶尖人才。但是在2000年后，互联网行业泡沫逐渐破灭，相关企业的股价出现"断崖式下跌"。微软也不例外，当股价跌至行权价之下时，再对员工授予股票期权就没有什么意义了。

因此，微软及时调整了股权激励模式，从2004年起对高管授予业绩股票，并设置了3年的业绩考核期，实际授予量与业绩目标达成情况直接挂钩（最高可达到150%），考核期结束发放实际授予量的三分之一，剩余的三分之二分两年授予。也就是说，从考核期开始到获得全部的业绩股票一共需要5年时间。

2009年以后，微软更加关注经营利润，高管们的奖金和股权激励与公司经营利润挂钩，以此鼓励高管们为改善公司经营而努力。2014年后，高管的薪资结构中浮动薪资的比例高达93%，其中股权激励占比为74%。股权激励又可分为两部分：一部分是业绩股票，激励力度极强；另一部分是限制性股票，不与业绩绑定、完全按照时间分4年生效。通过这种细水长流的激励，达到"绑定"人才的目的。

微软的股权激励和薪酬设计始终围绕企业不同发展阶段的战略而定，做到了长短期激励搭配、选人留人并举。以高管的薪酬为例，其中包括根据级别、重要性、工作复杂度而定的固定薪酬（一般占比较低），作为短期激励的现金奖励，作为长期激励的股权激励（占比最高）；其中，股权激励又分为与绩效挂钩的部分和与时间挂钩的部分，前者引导高管们关注高市值，后者起到筛选和留任的作用，也能够提醒高管们不要忽略业务的各项细节，以避免出现短期行为。

微软等企业如此重视股权激励，也是因为股权激励能够达到薪酬激励达不到的效果。

1. 股权激励让员工实现了"认知升维"

从员工对工作的认知来看，给予再高的薪酬，他们也只会认为经营公司是老板的事儿，自己只是一个"外人"。在工作中他们很少会去考虑控制成本、增加利润的问题，只会关注自己能够获得多少收入，而且他们还有可能为了追求短期回报做出一些有损企业利益的事情。

可要是引入了股权激励，情况就会大不一样，员工会将自己视为"合伙人"，开始有了创业意识，还会进行自我管理，做出选择时也会倾向于从大局出发，从企业的长远利益出发，因为他们认为这是在为自己的事业打拼。

2. 股权激励给员工提供了更大的收入提升空间

在引入股权激励前，员工的个人收入以工资和奖金为主，总的薪酬水平基本与行业水平持平，上升空间非常有限，有的员工因为对薪酬不满意，会产生消极怠工的心态，甚至还会选择离职。

在股权激励机制下，员工的收入有了更大的提升空间，特别是表现突出的高管、骨干员工有可能借此实现"财务自由"。2022年4月，长城汽车股份有限公司（以下简称"长城汽车"）的2 399.87万股限制性股票解禁，270多名骨干员工获得了极为可观的收益，其中一名副总经理可解除限售100万股，浮盈超过3 000万元，如此惊人的激励力度必然会促使员工努力创造更多的价值。

3. 股权激励对员工的激励作用是长期的、稳定的

薪酬激励能够产生的激励作用是暂时的、有限的，即便企业已经为员工发放了高薪，员工却还是会产生涨薪的需求。如果企业暂时无法满足这样的需求，员工的积极性就会受打击。

而股权激励产生的激励作用是长期的、稳定的，企业发展势头越是良好，员工从股权激励中获得的收益就越丰厚，所以，员工会对企业的未来充满信心，自然也就会铆足劲儿为企业的发展贡献全部的智慧和汗水。

当然，这并不是说有了股权激励，就不需要进行其他激励手段了，在实践中，股权激励一定要与其他激励手段配合使用，才能产生更加明显的激励效果。而且各种激励手段具体的配比应当根据激励对象的特点来定，如对核心管理层的激励应当以股权激励为主，有时比重甚至可以超过90%；对其他高管人员的激励，股权激励的比重可以略低一些，如可以占50%，对中高层管理人员、技术和业务骨干的股权激励比重应更低，如可以占30%。而且激励手段的组合和所占比重还应当随着环境、时间的变化进行灵活的调整，这样每一个激励措施才会是实用的、高效的。

上述几点是从员工的角度分析股权激励相对于薪酬激励的优越之处，而从企业的角度来看，实行股权激励不但能够起到"对内留人、对外引人"的作用，还能有效缓解企业现金流紧张的问题。有的股权激励模式还可以为企业筹集一部分资金，等到企业发展良好，获取高额利润后再向员工发放收益，不会额外增加企业的现金支付压力。

不仅如此，实施股权激励还能够提升全员士气，而且能够起到梳理股权架构、提升行业竞争能力、改善业绩的作用。所以，企业经营者一定不能只重视薪酬激励，却忽视了股权激励。只要用好了股权激励，就可以为企业发展创造无限可能！

五、为什么选择股权激励，而不是股权奖励

"股权激励"与"股权奖励"虽然只有一字之差，却有着本质的区别。股权奖励立足于过去，是对员工过去做出贡献的肯定和奖赏，获得奖励后，

员工可以及时兑现；股权激励却面向未来，员工只有通过自己的努力达成一定的解锁条件，才能在未来获得相应的权益或奖励。

在实践中，有不少企业将二者混淆，使得股权激励不但没能发挥出"激励"的作用，反而还引发了不少问题。

> 江苏卓胜微电子股份有限公司（以下简称"卓胜微"）是国内著名的射频芯片龙头企业，发展前期产品以射频开关为主。为了顺应5G通信技术的发展趋势，该企业不断拓展产品线，新产品市场需求旺盛，经营业绩实现了大幅增长，公司股价一路攀升，曾经一年狂涨17倍，创下过多个"股价神话"。
>
> 在2020年底，该公司对外披露了"2020年限制性股票激励计划"，引起了外界的一片非议，只因该公司将"股权激励"变成了"股权奖励"，虽然充分奖励了管理层和员工在过去的付出，却未起到"激励"的作用。这次股权激励还被业界评论为"白送钱"。
>
> 原来，该公司实施的股权激励具有"滞后性"：在发布股权激励计划时，2020年已经过去了整整11个月，此时才推出2020年的股权激励计划，等于是在奖励过去的贡献。
>
> 该公司进行股权激励时只考核营收规模，却不考虑净利润、股价等因素，也难以让中小股东信服。比如，该公司制定的公司层面指标是以2019年的营收为基数的，只要2020年营收增长率不低于65%，即可享受100%的"归属比例"；营收增长率在55%～65%，"归属比例"为80%。可实际上，该公司在2020年前三季度已经实现营业收入19.72亿元，比2019年增长了100.27%，远远超过65%、55%的指标增长率，相当于公司层面的业绩考核指标形同虚设，这样的"激励"已经失去了应有的意义，难怪会引起外界的质疑。

公司取得骄人的业绩，离不开每一位员工的付出，卓胜微想要重奖管理层和员工本无可厚非，但却不应当采用"股权奖励"的方式，因为这会让投资者认为公司的经营重心不是扩大生产、追求进一步的发展，而是急于回报高管、员工，导致投资者的利益无法得到保障。不仅如此，股权激励方案中过低的业绩指标也会让人认为"公司未来成长性不佳"，将会严重影响投资者的信心，更会对企业的长远发展造成负面影响。

如今越来越多的企业选择用股权激励调动管理层和员工的工作积极性，然而，在实际操作时，常常会出现卓胜微这样的情况，问题主要集中在以下两个方面。

1. 股权激励的行权条件设置不合理

合理的行权条件应当结合行业发展、宏观经济环境和企业自身实际情况制定，在设置基准指标和增长指标时一定要考虑周全，要避免像卓胜微这样采用过低的指标，导致股权激励的效果被无限削弱；但也不宜设置过高的指标，导致激励对象对实现指标缺乏信心，容易产生消极应付心理。因此，行权条件应设置为激励对象付出全身心的努力后能够实现的指标，而且应当将上市公司市值纳入考核内容，由此倒逼激励对象关注公司的股价表现，使激励对象的利益和股东利益趋于一致。

2. 股权激励的授予价格不合理

除了考核标准过于宽松外，股权激励还容易出现"授予价格过低"的漏洞。2022年2月，东方精工披露了限制性股票激励计划，其中就有将以1元/股的价格向激励对象授予265万股的说法。此外，预留的66.25万股也将以1元/股的价格授予后续确定的激励对象。此举引发了投资者的强烈不满，有投资者指出这种做法会损害公司利益，对中小股东也显失公平。

《上市公司股权激励管理办法》第二十三条规定："上市公司在授予激励对象限制性股票时，应当确定授予价格或者授予价格的确定方法。授予价格不得低于股票票面金额，且原则上不得低于下列价格较高者：（一）股权激励计划草案公布前1个交易日的公司股票交易均价的50%；（二）股权激励计划草案公布前 20 个交易日、60 个交易日或者 120 个交易日的公司股票交易均价之一的 50%。"

当时东方精工的股价区间在 4.91~7.31 元/股，1 元/股的授予价格远低于近半年最低价的 50%，按照规定，该公司应当对定价依据及定价方式做出相应的说明。

由此可见，股权激励在定价时应当综合考虑企业的连续激励政策，并要结合现有的薪酬机制、公司实际财务情况和未来的激励效果而定，既不能设置过高，以免激励对象获得的收益有限，降低其内在动力；又不能设置得过低，以免损害股东利益，让激励对象满足于现有的收益，达不到激励的效果。

此外，股权激励应当突出"长期激励"的作用，要利用股权的"长期潜在收益"推动激励对象努力奋斗，才能保证企业财富持续增长，切勿用"论功行赏"的做法去做"股权奖励"，那样只会让股权激励发生"变味"，甚至会趋于失败。

六、如何理解"股权激励是散财不是散股"

对于股权激励，企业所有者往往会有这样的担忧：在一次次股权激励后，分出去的股份越来越多，自己持有的股份越来越少，那么，自己对公司的控制权会不会削弱，财富收益会不会越来越少？

有这样的想法，说明企业所有者还未认清股权激励的本质。股权激励并不是在"散股"，而是在"散财"，也就是所有者与员工分享企业创造的财富，从而将人心凝聚在一处，形成一股强大的合力，才有可能创造出更大的财富。

股权激励的标的物虽然是企业的股份，但是在具体实施时并不是将所有者的股份简单地分给员工。因为从某种程度上讲，用于激励的股权通常不是完整的股权，持有者不具备表决权、管理权，因此，也就不会削弱管理者对企业的实际控制权。只要设置合理的机制，哪怕所有者只拥有极少的股份，也能保证对企业的控制权不发生动摇，所以，所有者不必过分担心"散股"的问题，而是要考虑如何通过"散财"更好地聚拢人心，求得发展。

为此，企业所有者可以从以下几个角度重新认识股权激励。

1. 股权激励拒绝"独占财富"的心态

如果所有者只想独占财富，不愿意和员工分享财富，就不可能赢得员工的追随，也无法将"蛋糕"做大。所以，企业所有者应当从大局着眼看待问题，如果想要实现自己的梦想，就要帮助员工实现个人梦想；想要壮大自己的企业，就要让核心高管、骨干员工共享因企业发展带来的好处。

任正非曾经说过："钱分好了，管理的一半问题就解决了。"其背后的道理值得深思，所有者摆脱私心，适度"散财"，不但不会让财富越分越少，还能实现股权激励的目的，让员工愿意为企业的未来贡献智慧，挥洒汗水。

2. 股权激励不是简单的分股、分权，而是要让激励与约束并重

在提倡企业所有者敢于分享的同时，我们也要做好必要的约束。一方面，要定好股权激励模式，确保所有者领导地位的巩固；另一方面，要确保股权激励是为企业未来发展服务的。所以，股权激励的对象必须是对企业的发展能够起到重要作用的人才。如果一个高管或员工不能再为企业的未来提供价值，他所持有的股份就需要逐步退出或被稀释。

这种退出机制可以在公司章程或股权协议中提前做好约定，等到员工退出时就可以将股权收回，再授予其他人才，这样就不需要所有者"散股"，而是做了股权的转移。而虚拟股只有分红权或股份增值权，没有股份所有权，一般只在员工在职期间享有，它也不会导致股权的分散。

通过"虚实结合"的股权激励方式，再从公司章程、股东会表决权及董事会组成人员等方面设置好约束机制,既能达到股权激励的目的,又能很好地保障所有者对企业的控制权。

七、为什么说企业家的高度决定股权激励的高度

企业家自身的格局和思维的高度将决定公司的兴衰成败。上市咨询公司埃森哲曾经在 26 个国家和地区与几十万名企业家进行过访谈,其中近 80% 的企业家认为:"企业家精神"对于企业的成功非常重要,甚至可以说,"企业家精神"是组织健康长寿的"基因"和"要穴"。由此也可以看出企业家自身的重要使命和价值。单以股权激励为例,企业家不同的思维方式、不同的格局就会导致截然不同的结局。

长城汽车股份有限公司(以下简称"长城汽车")是国内领先的民营车企品牌之一,董事长魏建军在 1990 年承包了长城汽车工业公司,定位于皮卡车生产,在他的带领下,一个乡镇小厂一步步成长为现代化国家级大型企业。在长城汽车迅猛发展的同时,魏建军居安思危,开始考虑如何提升企业的抗风险能力,以对抗行业停滞或下滑的趋势。

2018 年,魏建军着手打造"人才稳定计划",因为他坚信忠诚度高的人才是捍卫企业的"钢铁长城"。2020 年,长城汽车启动了首期股权激励计划,对 275 名激励对象授予限制性股票,还对 1 665 名激励对象授予股票期权。此次股权激励彰显了魏建军打造"利益共同体"的远见。

2021 年,长城汽车进行了第二次股权激励,激励对象来自各职务层级、各业务领域,占员工总人数的近六分之一,涉及近 3.97 亿份股票期权和 4 300 多万股限制性股票,按照 51 元 / 股的价格计算,授予价值超过 224 亿元,如果算上首期股权激励授予的价值,总价值累计超过 300 亿元。

魏建军表示,汽车品牌想要实现真正意义上的超越,即在新能源和智能化的"新赛道"上领跑,就要抓住未来 3~5 年的关键时间,在此期间,

> 大规模的股权激励是非常必要的。只有慷慨地和员工共同分享公司成长的获利，才能留住原有核心人才团队，吸引优秀的管理人才和业务骨干。在未来，长城汽车还将滚动实施更加广泛的股权激励模式，争取将所有"价值员工"覆盖在内，实现企业和人才的共同发展。

长城汽车的股权激励计划充分显示了企业家的"大格局"。这里所说的"格局"，涵盖了眼光、胸襟、胆识等诸多心理要素。有大格局者，思考问题时不会被眼前微小的利益所蒙蔽，他们能够站得高、看得远、想得深，因而更能够把握事态发展的大方向。比如，在做股权激励时，有"大格局"的企业家想的是如何协调员工、管理者、所有者之间目标不一致和利益冲突的问题，想的是如何把企业做成一个共同的"事业平台"的问题，想的是如何实现所有人的梦想的问题。

相反，"格局小"的企业家却总是只关注自己的"一亩三分地"，想着自己的股份有多少，能不能让自己完完全全地拥有公司的治理权，能不能随心所欲地决策……带着这种普通商人的思维去做股权激励，是不可能取得成功的。

因此，企业在做股权激励之前，企业家首先应当扪心自问几个问题。

问题一：我是否看透了股权的价值？

对于股权激励，业内流行着这样的说法："商人看比例，而企业家看绝对值。"的确，总有不少经营者错误地认为自己掌控的股权比例越多，拥有的"话语权"和财富就会越多，可事实并非如此。举个简单的例子，电视剧《乔家大院》的主人公乔致庸在自己的企业"复字号"中引入了股权激励，导致自己持有的股权比例下降了20%，但他对企业的掌控权并未受到影响，而他获得的分红非但没有减少，还增长了近20万两白银。究其原因，就是因为乔致庸通过股权激励吸引和留住了大量优秀的人才，大家群策群力为"做大蛋糕"努力奋斗，使得企业利润得以显著增长，于是他个人的股权比例虽然下降了,分红绝对值却上升了,所以说,有格局的企业家不会执着于股权比例的数字高低,而是会考虑如何吸引更多的人才,打造更富有战斗力的团队,做大一份共同的事业。

问题二:我能不能接受身份的变化?

实施股权激励前,管理者往往是一家独大、说一不二的,管理者和员工之间是雇佣与被雇佣的关系;在实施股权激励后,员工更像是"合伙人",管理者也将转变为真正的"企业家",可以和员工建立同盟关系,结成牢不可破的"利益共同体",为了同样的目标共同奋斗。在这个过程中,企业家需要适应身份的转变,不能再高高在上,而是要平等地对待员工,并且主动邀请他们参与到经营中来。企业家有这样的"大格局",才能帮助企业摆脱发展的桎梏,并找到发展的新路。

问题三:我真的愿意和员工分享利润吗?

股权激励重在"分享",没有合理的分享机制,员工很难认同企业家描绘的美好蓝图,更谈不上和企业家一起共筑梦想。所以,有大格局的企业家不会因为要将利润分给员工而心疼、眼红。相反,企业家大度地分享未来可能的盈利机会,能够调动员工的积极性,使得企业发展势头更加良好,利润能够不断增加,由此带来的收益难以估量。这正是股权激励"舍"与"得"的精妙之处,值得企业家深入品味。

也正因如此,我们才会说,企业家的高度决定股权激励的高度,企业家要学会打开格局,放眼未来,才能让员工"心往一处想,力往一处使",也才能够形成员工和企业家彼此成就的双赢局面。

第二章

因地制宜：股权激励并非"一股就灵"

一、为什么有的企业不适合做股权激励

股权激励是企业为了激励和留住核心人才而推行的长期激励机制，也是目前很常用的激励方案。实施股权激励，激励对象的身份将从员工变为股东，他们对工作的认知也会从"为老板打工"转变为"为自己的企业奋斗"，这有助于塑造员工的"主人翁"意识，也能够提高企业的凝聚力和对外部人才的吸引力。因此，越来越多的企业都在引入股权激励计划。《2021年度A股上市公司股权激励实践统计与分析报告》显示，2021年，A股808家上市公司共计公告826个股权激励计划，而在2020年度，这个数据才只有452例，年增长率高达82.74%。

尽管如此，我们还是应当注意到这样的事实——并非所有的企业都适合做股权激励。有的企业实行股权激励后，不但没有达到应有的激励效果，还会对自身的长远发展产生危害。

> 美好置业集团股份有限公司（以下简称"美好置业"）于1996年上市，2006年进行资产重组，并确定以房地产开发为主营业务。经过数年发展，美好置业开始进军房地产"互联网+"市场，从传统的房地产开发商逐渐转型为"美好生活的集成商"。
>
> 从2008年起，该企业先后进行了三次股权激励，但都以失败告终。第一次股权激励计划是在2008年4月推出的，采用股票期权的激励方式，对包括董事、高中层管理人员、核心技术人员在内的60名激励对象授予2 000万股，有效期10年。然而短短6个月过去，公司便宣布终止股权激励，理由是金融危机横扫全球金融市场，导致国内证券市场发生了重大变化，该企业的激励计划无法达到激励目的，只能被迫终止。
>
> 2009年7月，该企业推出了第二次股权激励计划，激励对象、授予数量与第一次相同，有效期设为8年，之后该计划经过了多次调整和修订。到2011年4月，因公司业绩无法达到行权条件中的业绩要求，该计划无法继续实施。

2011年12月,该企业采用限制性股票模式,进行了第三次股权激励。激励对象从之前的60人增加到78人,授予数量不超过3 000万股限制性股票,有效期为4年。此次股权激励计划在实行一年半后宣告终止,理由同样是没有达到业绩条件。

该企业的股权激励计划遭遇连续失败,与企业自身盈利能力较差、经营管理出现问题有很大的关系。自2009年起,该企业净利润逐年减少,各项财务指标均低于行业平均水平,集团内外部相关人员对企业的未来充满了担忧。在这种情况下,企业一再推行股权激励,只会产生"反效果"——人才流失率居高不下,员工满意度持续下降。在2012年,包括公司副总监在内的高级管理人员有十余人都选择了离职,这说明当时实行的股权激励计划非但没能对他们产生吸引力,反而进一步削弱了他们对企业发展的信心。

这个案例告诉我们,股权激励并不适合经营管理不善、业绩持续走低的企业。因为激励对象对企业的未来抱有悲观的预期,股权的"价值"也具有太大的不确定性,引入股权激励非但达不到激励效果,还可能被他们认为是"画饼充饥",严重时可能造成人心涣散、团队瓦解。

除了这种情况外,还有哪些企业不适合推行股权激励呢?

1. 存在严重劳资问题的企业

股权激励计划能够取得成功的一个关键要素是员工对企业具有较高的信任度,这样他们才会更愿意与企业共同发展,以达成"共赢"的理想局面。可是在积压了大量劳资问题的企业中,员工与管理者之间的关系非常紧张,甚至已经走向对立。在员工看来,自己就是备受压迫的"弱势群体",无论企业推出什么样的措施,员工都会表示怀疑。此时,企业就算是拿出对员工有利的股权激励计划,员工也很难接受。有的员工会认为这是"新一轮的忽悠",并对企业彻底失去信心,最终选择离开。所以,企业在实施股权激励计划前，应当先重点理清并解决劳资矛盾问题，争取改善和员工之间的关系，否则再好的股权激励计划都很难取得成功。

2. 治理不规范、缺乏制度保障的企业

在一些家族企业中，"排外"问题非常严重，优秀的外来人员难以进入管理层，不但能力得不到充分的发挥，还无法获得被尊重、被信任的感觉，他们对企业的归属感、忠诚度都处于较低的水平。

另外，这类企业常有"重人情、轻制度"的问题，由此导致工作流程难以被追踪，各项措施难以落实，奖励、惩罚决定也欠缺公正。在这种情况下，即使企业目前还具有可成长性，股东也愿意拿出一部分股权对人才进行激励，可在具体实施时却会遇到很多意想不到的困难。比如，在股权兑现时企业就很难实现之前的承诺，这样只会让激励对象认为企业毫无诚意，很可能会愤然离职，由此给企业造成不小的损失。

3. 只注重短期利益、缺少长远规划的企业

企业设计股权激励计划时，不能只注重眼前的利益，而是要充分考虑企业的长远发展及后续各项战略目标的实行，要对优秀的人才有一种"舍得"的心态，才能体现出对人才的充分尊重，进而可以成功地留住人才，并能够提升他们对企业的忠诚度。像中兴通讯这样的高科技公司，处于长期发展的需要，一方面，主动加大研发技术部门的投入；另一方面，注重对技术人员进行股权激励，以不断提升自身的技术领先优势。可有的企业却把股权当作一种"稀缺资源"，不愿意和人才分享经营成果，这样的企业即使勉强实行了股权激励，效果也会微乎其微。

由此可见，并不是每个企业都适合实施股权激励，也并不是每个实施股权激励的企业都能获得良好的发展。企业必须对自身的成长阶段、商业运作模式、管控模式等有一个清楚的认知，才能决定是不是要打出股权激励这张"王牌"。

二、初创企业想让员工铆足劲儿干，靠股权激励还是奖金

初创企业，顾名思义，就是刚刚创立没多久的企业，这类企业缺乏足够的资金、人才、资源，业务开拓也比较吃力，企业内部也尚未形成规范合理的管理系统，流程不完善、不合理的问题层出不穷，导致企业最初的发展之路颇为坎坷。根据2017—2019年的数据，这三年我国初创企业存活率不足1%，可见其生存之艰难。

因此，初创企业的首要任务应是"求生存"，如果想要留住和吸引人才，也要先解决好生存的问题。那么，初创企业应当选择现金激励还是股权激励呢？

很多人会不假思索地选择用现金激励（包括工资、奖金），这种方法最为简单、直观，员工看得见、摸得着，感受最为强烈，因此，能够激活员工的工作积极性，有助于提升工作表现。现在不少大的科技公司也推出了新的现金激励计划，2022年初，知名电商亚马逊就表示，将把一年内支付给员工的现金额度增加一倍。

但是对于初创企业来说，过分强调现金激励是不现实的。毕竟，对于初创企业来说，现金流就是"生命线"，无论是企业用地、用房的租金，开拓市场和运转项目需要的费用，还是发给员工的工资和福利，都需要大量的现金来维持。而初创企业拥有的资金非常有限，为了解决好当下的生存问题和日后的发展问题，它们只能选择把现金用在"刀刃"上。所以，在激励员工时，初创企业会倾向于选择股权激励，这样既能节省现金流，又能吸引真正的人才，对企业的持续发展很有帮助。

> 宁波容百新能源科技股份有限公司（以下简称"容百科技"）前身为金和锂电，专业从事锂电池正极材料的研发、生产和销售。这家公司在初期就设立了股权激励平台，通过三次员工股权激励，让公司上下拧成了一股绳。

2016年11月，员工通过出资参与金和锂电与上海容百的股权拍卖，获得公司间接股权。2017年4月，公司员工持股平台容科合伙、容诚合伙成立，获得金和锂电转让的部分股权，转让价格为1.5元/注册资本。

2017年5月，金和锂电增加注册成本，容科合伙、容诚合伙以2.8元/注册资本的价格认购部分股权。员工如果想要转让合伙份额，需要从员工入伙日开始计算，不到三年的都需要按原始出资价格转让，而且要优先转给员工持股平台的内部成员。

2020年12月，该公司又推出了新的股权激励计划，向包括核心管理层、核心技术人员、骨干员工在内的200名激励对象授予1 275万股，其中第一类限制性股票的授予价格为24元/股，第二类限制性股票的授予价格为36.48元/股。

三次股权激励让公司的激励机制变得更加健全，也调动了中高层管理人员和骨干人员的工作积极性，而这些核心人员在正极材料领域耕耘多年，积累了丰富的管理和技术经验，为公司作出了卓越的贡献。如今，该公司已成为国际领先的动力电池正极材料制造商，突破并掌握了多项关键性技术，在各方面均大幅领先于同行。

容百科技的实践经验证明，股权激励确实能够给初创企业带来以下好处。

1. 股权激励能够帮初创企业吸引大量人才

与发展势头稳定的大企业相比，初创企业在资金、技术、品牌等各方面都不占优势，对人才的吸引力显然无法和大企业相提并论。为了把人才吸引到自己麾下，说服他们一起将企业做大、做强，股权激励是一个很好的办法。因为它能为人才铺设良好的发展前景，人才不用去大公司"论资排辈"，只要努力为初创企业做贡献，便有可能成为公司的股东之一，这对于人才来说是颇具吸引力的。因此，初创企业可以积极调查行业内其他公司实施股权激励的做法，合理调整激励额度，凸显激励优势，以减少或防止优秀的人才流失。另外，初创企业在进行股权激励时也要兼顾公平，并要着手设置建设一套完备的流程，打造配套制度，为今后实施常态化的股权激励打下良好的基础。

2. 股权激励能够帮初创企业留住核心员工

核心员工对于初创企业的重要性不必多言，一名核心员工流失，有可能影响初创企业的生死存亡。但处于初创期的企业往往还没有实现利润，无法给予核心员工丰厚的奖金分红，这时也可以采用股权激励，借助公平的分配机制实现"利益共享"，把企业利益与个人利益牢牢"绑定"，让核心员工看到巨大的远期收益，他们就更愿意留下来帮助企业实现宏伟的目标。

当然，初创企业做股权激励也要注意方式、对象和自身所处的发展阶段。比如，在创业早期，可以使用期权、期股、限制性股票等多种模式来激励管理团队，行权时间不宜拖得太久，以免打击激励对象的积极性。最好能够尽快让激励对象感受到激励效果，才有助于提升他们的归属感，保持团队的稳定性，帮企业通过最初的"生存考验"。如小米公司在初创期，就采用了多种股权激励方式，充分考虑员工和高管的需求，达到了比较理想的效果。

但要是初创企业已经有了一定的估值，正处于上升阶段，在对高管进行期权激励时，授予的价格可以相对高一些，让他们获得更加明显的被激励感受；如果激励对象较多，可以采用虚拟增值权的激励方式，激励对象不直接持有股份，但可以享受相应股份的溢价收益。

必须指出的是，任何模式的股权激励都要设置合理的解锁期，而且应当将激励额度控制在股份总额度的三分之一以内。这样无论对外释放了多少股权，创始人都始终拥有企业的绝对控制权，能够确保各项政策顺利执行，公司运营和发展的总体方向也就不会出现偏差。

三、成长期公司如何依靠股权激励实现长期发展

度过了艰难的创业期后,很多企业开始走上稳步成长的"快车道"。这时的企业发展速度加快,资金、人才储备及技术实力比起初创期都有了显著提高,并且企业也基本形成了自己的主导产品,市场占有额不断提升,收入不断增加。在企业内部,管理上的分工也更加明晰,但企业对核心管理人员和技术人员的依赖性仍然很强。

此时,企业创始人需要及时调整战略,以适应企业发展的新特点、新情况。比如,企业的战略要从"求生存"转向"寻求发展机会、摆脱资源困境",但"求发展"又不应是盲目的。如果不考虑企业的实力,一味追加投入、盲目扩张,就很容易让本来发展势头良好的企业陷入困境。

同时,成长期企业也面临一些新的问题。

首先,在创业期形成的组织结构和简单粗放的管理模式已经无法适应企业快速发展的要求,一些老员工的能力、素质也开始出现短板,原本的管理层可能缺乏足够的魄力,导致新的规章制度无法落实。

其次,企业想要提升自己在行业内部的竞争力,就需要进行技术创新、产品创新,而这自然需要更多优秀人才的加入,但企业现有的激励机制却不具备足够的吸引力,无法吸引并留住真正的人才。

最后,随着企业的加速发展,在各方面的投入不断增加,会给企业造成不小的资金压力,有时甚至需要举债经营,而企业此时知名度还不够高,尚未形成强有力的商誉,在融资时会遇到不小的困难……

面对种种困境,成长期企业可以依靠股权激励来吸引和激励人才、调整和改善组织结构、打造企业文化、塑造良好的企业形象、提升投资人对企业的信心,从而能够实现长期发展的目标。因此,成长期常常被称为"股权激励的最好时机"。

特斯拉成立于2003年，经过多年发展，已成为全球领先的电动车企业。

从创立之初到2011年，特斯拉经历过一段非常艰难的发展历程。企业曾投入大量资金，研发出的车型成本远超预期，但产品推向市场后，消费者却并不买账，哪怕定价已经低于成本价，销售也未能出现明显的起色。为了走出困境，创始人埃隆·马斯克不得不四处寻求投资，勉强维持住企业的生存。

2010年，特斯拉成功上市，获得了松下3 000万美元的投资。企业也逐渐度过了举步维艰的初创期，开始迎来加速发展的成长期。2012年，特斯拉推出的爆款车型Model S受到了消费者的青睐，销量快速增长，企业也实现了首次盈利。此后企业发展渐入佳境，不断推出新的爆款产品，市场占有率不断提升。

在成长期，特斯拉也推出了股权激励计划，激励对象包括高层管理者、核心员工和企业顾问等。其中，高管们普遍底薪很低，也不领取任何现金奖金，但却享受强股权激励，激励收益占总收入的比重最高可达到99.998%。如马斯克本人获得的是同公司市值、业绩直接挂钩的股票期权，而且只要达成业绩目标就能解锁享受权益。2021年初，马斯克通过这种股权激励方案获得了近600亿美元的巨额奖励，一举登上了全球首富的宝座。

对于中高层员工，激励收益占据总收入的比例也不低，其中高层员工在这方面的比例为60%，中层员工为40%，而基层员工只有20%。不过新员工会获得少量限制性股票，一般分四年解锁，只要员工为公司服务满一年，每三个月便可解锁一次。另外，特斯拉的股权激励模式还有股票增值权、限制性股票单位、绩效股份等。各种方案让每名员工都能够加入企业的股权激励方案中，不但能够让员工获得实实在在的收益，还能鼓舞士气，促进企业加速成长。2014年，特斯拉曾经实施了总规模达到536.5万股的股权激励计划——如果能够完成12个月生产10万辆车的目标，员工就可以获得其中 402.38 万股的奖励，这自然能够提升员工的劳动积极性，鼓励他们全力以赴实现目标……

从特斯拉的股权激励方案中，总结出以下几条经验。

1. 处于成长期的企业在设置股权激励方案时，不妨围绕业绩目标来进行

成长期企业可以根据未来的发展战略制定出合理的业绩指标，达成指标后，激励对象即可享受由此带来的丰厚回报。需要注意的是，行权时间可以比初创期延长一些，一般为1~3年，以年度为考核时间，这样也能持续刺激激励对象努力达成目标，加速企业成长。

2. 成长期企业在进行股权激励时，可以适当扩大激励对象的范围

除了原始创业团队人员、高层管理人员外，企业还要对掌握核心技术的骨干人员、优秀的业务人员等进行激励，以鼓励其他员工积极发挥主观能动性。激励模式可以选择股票期权、限制性股票等。这样，一方面，能够提升激励对象对企业的认同感；另一方面，也能利用灵活多样的限制条件将这些人才留住。

当然，由于激励对象不断增加，股权激励的复杂程度也会相应提升。为了顺利实施股权激励，并能够确保公平、公正，企业应尽早建立一套完善的股权激励体系，以明确选人机制、分配机制、定价机制等，使股权激励的授予、行权、退出能够更加规范化、流程化，也更能够激励现有团队的士气，并可以引来更多的优秀人才，为企业的进一步发展添砖加瓦。

四、成熟期公司如何释放下层股权，盘活员工活力

持续快速发展的企业将逐渐进入成熟期，此时增长速度会有所放缓，但企业经济效益比较稳定。同时，企业经营已经取得了一定的规模，往往已经掌握了核心技术，生产能力较强，产品市场占有率较高，拥有较强的

市场竞争力和比较稳定的客户群；企业的人员储备也比较充足，组织结构健全，层级关系明确，规章制度也比较完备，管理水平不断提升。

但这并不表示企业家就能高枕无忧，因为企业成熟期的下一个阶段便是衰退期，在一些企业中可能已经出现了一些迹象，需要重点关注。如有的企业出现了生产过剩、产能空置的问题，造成期间费用、管理费用居高不下；有的企业主打产品的市场需求已经趋于饱和，难以避免替代品的威胁；有的企业内部管理成本不断增加，部门与部门之间沟通不畅，给跨部门沟通协作造成了困难；有的企业还出现了"大企业病"，机构臃肿、决策缓慢、互相推诿的问题正在浮出水面。

因此，成熟期是一个重要的"拐点"时期。在这个阶段，企业上升空间已经比较有限，亟待解决的问题却有很多，倘若不能妥善处理，企业一夕倾覆也不是不可能的事。管理学家、哈佛商学院教授克莱顿·克里斯坦森曾经对众多优秀企业进行了深入研究，他发现很多被人们"崇拜并竭力效仿"的企业都在市场和技术发生突破变化时丧失了行业领先地位，而很多"致命的决策"正是在企业发展如日中天的时候作出的。因此，成熟期企业在制定各方面的战略时都要格外谨慎，如果要进行股权激励，就要以增强凝聚力、激发内部活力、追求稳健发展为主要目标。

> 内蒙古伊利实业集团股份有限公司（以下简称"伊利集团"）是我国乳品行业的龙头企业，旗下多款产品长期占据市场领先地位，整体营业额在行业中遥遥领先。然而在2015年后，全球乳品行业步入缓慢增长时代，伊利的增速也开始放缓，进入了"成熟期慢增长"阶段。
>
> 在成熟期，伊利集团在股权激励方面做出了一些新的尝试。2014年、2016年，伊利曾两度推出限制性股票激励计划，主要激励对象是技术人员、核心业务人员。这两次股权激励的效果非常明显——新产品"安慕希""畅轻"等产品一经推出，备受市场欢迎，企业也实现了稳健增长。

> 为了继续鼓舞士气，实现更高的目标，伊利又在2019年推出了新的限制性股票激励计划，此次激励人数达到474人，是历次股权激励中范围最大、人数最多的一次。2019—2023年5个解除限售期的业绩考核目标以2018年净利润为基数，净利润增长率分别不能低于8%、18%、28%、38%和48%，净资产收益率不低于15%。同时管理层也做出了承诺，如果业绩不达标，相应股份将被公司回购并注销。这样，一份股权激励方案有助于充分"绑定"管理层和核心员工，为保持团队稳定、冲击下一阶段的发展目标奠定了基础。

从伊利在成熟期的股权激励方案来看，企业在这个阶段可以尝试释放下层股权，盘活员工活力。在"定对象"时，激励对象的范围可以定得更广一些，人数更多一些，不但要彻底激发管理人员、技术人员的积极性，还要让那些有能力为公司创造利润的员工有机会享受股权激励带来的收益。由此实现从上到下、从公司层面到项目层面的全方位激励，让更多的员工能够发挥主动性和积极性，和企业一起去打拼，去创造新的、更多的利润。

具体实施股权激励时，还可以按照企业是否上市来进行合理的安排。比如，企业可以在上市前实施一轮股权激励，对象主要是核心员工。这样，上市后等到股权解除限制，员工就可以选择套现，获得一笔可观的收益。这种做法无疑是对员工过去所做贡献的肯定和回报，能够激发老员工的动力，还能够给新员工树立良好的榜样，带动新员工努力打拼。

但是在上市前做股权激励，需要处理好股份支付的问题。因为企业需要承担员工行权价格和股权实际价格之间的差价，必然会影响企业利润，还可能涉及一些法律、法规问题，会对上市造成一定的影响，所以，企业最好先咨询专家或专业机构，做好完善的规划。在企业成功上市后，再进行股权激励则应制定适当的行权价格，避免引发投资者的不满，造成股价下跌，引起公司整体业绩。

如果企业不上市，可以采用其他模式进行股权激励。比如，可以授予员工虚拟股票，随着公司的发展，员工能够不断实现收益；再如，企业可以采用事业合伙人制度，通过事业合伙人持股计划让员工享受股价上涨带来的收益，并可确保事业合伙人与股东利益的一致性。另外，事业合伙人制度还包括项目跟投机制和事件合伙人管理等要素，合伙人不仅持有公司的股份，还能参与到某一环节的决策、管理中，有助于改善组织架构、实现权力下放，并可以有效地解决公司内部协调困难、效率变慢的问题。

五、衰退期公司如何抓牢员工的心，延长企业寿命

20世纪五六十年代，有美国学者指出，企业在发展过程中存在"停顿""熄亡"等现象，可以用生物学中的生命周期理论来予以解释。20世纪七八十年代，企业生命周期理论将企业发展分为十个阶段，包括孕育期、婴儿期、学步期、青春期、壮年期等。此后，国内外众多学者对这条理论进行了精炼和完善，将企业生命周期总结为初创期、成长期、成熟期、衰退期四个阶段，并指出这是企业发展的客观规律，"永续经营"的企业其实并不存在，它们之所以没有走向"生命"的终结，是因为在衰退期或衰退期之前就进行了重大的转型，从而开启了一轮新的生命周期。

进入衰退期的企业，会表现出以下这些比较明显的特征。

（1）现有主打产品与消费者偏好逐渐偏离，导致市场占有率不断下降，大部分市场份额被竞争者占有。

（2）销售额和利润率持续降低，债务持续增加，财务状况不断恶化。

（3）管理人员、核心技术人员流失严重，员工情绪日益低落。剩下的管理层对优化内部管理机制缺乏足够的信心，组织结构僵化、决策效率降低之类的问题层出不穷。

（4）创新研发动力严重下降，技术设备无法及时更新换代，导致整体研发水平落后，成果转化能力较差，甚至达不到行业平均水平。

至于衰退期出现的原因，则与企业外部、内部的多种因素有关。从内部因素来看，管理不善、财务控制不当、营销方式不当、生产和作业管理不当，以及过度经营、过高投资等都会削弱企业的生命力，使企业逐渐步入"衰退期"；从外部因素来看，政策和技术变化、市场过度饱和、行业竞争行为等也会让企业逐渐走上"下坡路"。比如，旧的技术或工艺被新技术、新工艺取代，行业结构就会发生变化，未能成功进行技术更新换代的企业便会走向衰退；再如，国家出于战略发展需要，会淘汰一批产能落后的企业，像污染严重的企业、工艺落后的企业等都会被划入其中，这些企业也会快速进入衰退期。

东芝曾经是日本制造业的一面旗帜，其产品覆盖日本人生活的方方面面，从电灯泡、电视机、电饭煲、电冰箱、微波炉等日用产品到计算机、芯片等高科技产品无所不包。东芝的业务范围十分广泛，企业实力强劲，鼎盛时期员工总人数超过18万人。

然而，这样一家"巨无霸"企业却在激烈的市场竞争中逐渐走入衰退期。而这最早源于东芝在2006年所做的一个灾难性的决定，为了大力发展核电业务，东芝以54亿美元的价格收购了美国西屋电气，由于通用公司、日本三菱的恶意竞争，这个价格实际上超出报价的三倍，给东芝造成了严重的财务压力。东芝之所以不惜代价也要开发新业务，是因为两大传统优势业务消费电子和半导体遭到了竞争对手的挑战，市场被不断蚕食。为了杀出重围，东芝转型迫在眉睫，当时管理层非常看好核能源的发展前景，希望通过西屋电气拿到进军核电市场的"入场券"。没想到这次收购却拖垮了东芝，致使企业净利润缩水严重，随后又传出财务造假的消息，引发了股市巨震，东芝股价暴跌，社长、副董事长双双辞职。

2011年，福岛核电站泄漏事件又给了东芝一个致命的打击，企业品牌形象一落千丈，不但拿不到新订单，以前已经签订的订单也被取消。在这种关键时刻，东芝仍未对核电业务死心，又斥巨资收购美国西比埃公司的核工程业务，导致原本的财务"窟窿"变得更大，亏损更加严重。

2016年，东芝净亏损高达88亿美元，不得不变卖业务为企业"回血"，家电、医疗设备、图像传感器业务先后被出售给了竞争对手，就连引以为傲的半导体业务也未能保全，但把东芝拖进泥潭里的核电业务却是在2018年以后才逐渐剥离的……2020年8月，东芝的PC业务被转让给了夏普公司。如今，东芝正在谋求拆分，以节省经营成本，聚焦于核心业务的发展，希望能够走出困局……

东芝从鼎盛走向衰败，与市场竞争白热化、经济泡沫、金融危机、核电站泄漏等外部因素有分不开的关系。但更关键的还是内部因素——东芝管理层错估了战略发展方向，在核电业务上进行了过量投资，再加上财务控制、人员管理屡屡出现问题，这才是让东芝走向衰退的根本原因。

企业进入衰退期，想要激励员工就不能盲目地依赖股权激励。因为企业随时可能面临倒闭，无论是管理人员还是普通员工对企业的前景都不抱期望，此时经营风险增大，股价波动幅度也会变大，如果勉强实施股权激励，员工并不认为自己能够从中获利，支持度不高，所以，还不如直接给予现金来得"实惠"。

这种情况与企业在衰退期进行的战略选择也有很大的关系。在衰退期企业面临四种可选战略，分别是领先战略、小众市场战略、收割战略及舍弃战略。

选择"收割战略"或"舍弃战略"的企业，将取消或大幅度削减新的投资，还会从现有的业务中尽可能地收回现金，努力保证业务现金流的正常运转。对于员工来说，企业前景更加不容乐观，更不利于实施股权激励。

选择"领先战略"或"小众市场战略"的企业，会在收获利润的同时将主要资源集中于某个需求稳定的细分领域，或是剥离亏损业务，有计划地培育新的增长点。此时，企业可以通过股权激励提振核心员工的信心，减少他们的短期行为。如果企业成功实施"领先战略"，有了新的增长点，股价开始回升，企业衰退的速度会大大延缓，甚至还有可能实现企业的复兴。

当然，"领先战略"也有可能遭遇失败，那样势必会加速企业的衰退，东芝转型失败就是一个非常典型的案例。所以，企业在确定细分市场或选择新项目时必须非常谨慎。同时，股权激励也应当有特别的侧重点，主要激励对象除了企业的核心人员外，还应当包括愿意与企业同甘共苦的员工，以及企业转型后参与新项目的关键人才。

总之，企业在不同的发展阶段应当采取不同的股权激励策略，抓好激励的关键点，才能起到事半功倍的效果。

第三章

定好目的：股权激励不应是赶潮流与模仿

一、做好调研诊断，掌握信息才能"对症下药"

企业实施股权激励，并不是简单地拿出一些股权分给员工就算"万事大吉"，而是应当弄清楚股权激励究竟要达到什么样的目标，再根据这个目标设定方案，然后通过一整套科学、细致的流程与步骤实施股权激励。

为此，在实施股权激励前，企业需要先对拟激励对象进行充分的"调研"，以明确他们的真实需要，听取他们对股权激励的建议。同时，企业还要对企业的现状进行彻底的"诊断"，以把握好企业现有的股权结构、财务状况、人才状况及未来资本运作的规划等，才能更好地确定股权激励的目标。

下面是某公司对拟激励对象（包括高管人员、核心员工）的访谈表，其中包括六个大类的问题：

1.公司战略与行业发展调研

问题一：请描述并评价公司的股权结构。

问题二：公司的短期、中期、长期战略规划是什么？

问题三：你如何看待公司目前的发展状况？

问题四：你对公司的未来发展有什么样的构想和建议？

问题五：你认为公司目前采用的是哪一种发展战略？

问题六：请评价公司的主要竞争对手，并指出本公司的核心竞争力是什么？

问题七：你认为未来五年行业的发展方向是怎样的？

2.业务组合调研

问题一：你如何评价公司的经营状况？

问题二：公司主要涉及的领域有哪些？

问题三：你如何评价公司目前的研发能力？

问题四：你如何评价公司目前的营销能力？

问题五：你认为公司与经销商的关系如何？

问题六：你如何评价公司现阶段的品牌战略？

问题七：你了解公司每月的现金流量和融资能力吗？

问题八：你认为公司未来三年、五年的盈利目标应当是怎样的？

3. 组织架构调研

问题一：你如何评价公司目前的组织架构？

问题二：你如何评价公司目前的营销团队？

问题三：你对团队的执行力有什么看法？

问题四：你对不同部门之间的沟通协作有什么看法？

4. 人才发展调研

问题一：你怎么评价公司获取核心人才的方式？

问题二：你了解公司对核心人才的考核方式吗？

问题三：公司对人才的培养策略是怎样的？

问题四：你如何看待公司对营销人才的考核方式？

5. 新品发展调研

问题一：你对新产品发展战略有什么样的构想？

问题二：如何评价目前新产品的开发进展情况？

问题三：你对公司的生产设备和产能状况有什么看法？

问题四：你对新产品上市推广有什么样的构想和建议？

6. 股权激励实施意见调研

问题一：你对公司实施股权激励有什么看法？

问题二：你认为股权激励适合公司哪些类型的人员？

问题三：你认为公司目前实施股权激励的主要障碍是什么？

问题四：你认为股权激励实施后对个人职业规划有哪些影响？

问题五：你对股权激励定价有什么建议？

> 问题六：你是否愿意出资参与股权激励？如果出资有困难，你愿意接受哪种方式以解决出资问题？

想要进行股权激励的调研诊断，可以参考该公司的做法收集和分析必要的信息，也可以根据本公司的实际情况设计适合的访谈问题，或是制作调研问卷，发放给拟激励对象。一般来说，调研诊断需要涉及以下几个方面的内容。

1. 企业的发展战略

企业的发展战略关系着企业能否持续、健康、快速地发展。在企业的不同发展阶段，会有不同的发展战略，股权激励模式、激励对象也要与之对应。比如，企业现阶段采取密集型发展战略（指企业在原有业务范围内，充分利用现有的产品和市场潜力来求得成长），具体又可细分为市场渗透战略、市场开发战略和产品开发战略。

以市场开发战略为例，进行股权激励可选择股票期权模式，激励对象应以营销人员、市场、业务骨干为主，有效期可设置为3～5年，以激励这些员工努力发掘潜在顾客，开辟新的营销渠道，进入新的细分市场；若是选择产品开发战略，则可以尝试股票增值权模式，激励对象以科研、技术骨干为主，有效期可设置得略长一些，如设置为4～6年，以激励这些员工进行持续性的研究和开发，推出让顾客惊艳的新产品，或是改良技术降低产品成本，从而能够以价格优势占据市场领先地位。

2. 企业的股权结构

在进行调研诊断时，企业现有的股权结构是怎样的，未来资本运作的规划如何，有没有上市计划等也是需要重点"诊断"的信息。因为这些信息对股权激励的方案设计会产生非常重要的影响，像股权集中度是怎样的，股权构成如何，股东们对实施股权激励是否已经形成了统一的意见等，就会直接影响股权激励的模式选择、股权来源。

3. 企业的经营状况

企业的经营状况好坏将直接影响现金流，也会影响股权激励的模式选择。比如，企业目前经营状况良好，现金流充足，就可以选择以现金结算的股权激励模式（如股票增值权、虚拟股权、业绩单元、利润分享计划等）；如果现金流吃紧，就更适合选择以权益结算的股权激励模式（如股票期权、限制性股票、业绩股票、员工持股计划等）。企业也可以将股权激励作为一种内部融资方式，借以缓解资金压力。

4. 企业的财务状况

企业的财务状况是生产经营活动的成果在财务方面的反映，包括企业资产的运营效率、负债比率和盈利能力等。财务状况良好，公司估值会较高，股价也会水涨船高，实施股权激励，员工会有更大的参与热情，激励效果也会更加理想。

除了上述这些公司层面的信息外，调研诊断还需要了解个人层面的信息，包括个人的任职情况、持股现状、职业规划，以及对股权激励的了解程度和相关诉求等。企业可以将这两类信息进行综合，为下一步制订实际的股权激励方案指明道路。

二、明确目的，走出股权激励的关键第一步

通过前期的调研诊断，再结合公司的实际情况，考虑未来的资本运作规划，企业就可以制订出股权激励的初步方案。

企业一般可以参考通用的"九定法"（也称"9D模型""9D模式"），其核心要素包括定目的、定对象、定模式、定数量、定价格、定时间、定来源、定条件、定机制这九项。之所以要将"定目的"放在第一位，是因为它不仅决定了股权激励方案的大方向，还能够影响其他八个要素的正确设定。企业只有明确了股权激励的根本目的，才能据此选择适当的激励对象、激励模式，确定相应的实施程序，企业才有可能实现股权激励需要达到的效果。

老百姓大药房连锁股份有限公司（以下简称"老百姓大药房"）是一家大型医药连锁企业，从2001年创立以来，公司发展势头迅猛，并于2015年成功上市，之后一直保持较高的增速。2021年，公司实现营业收入156.96亿元，同比增长12.38%；实现归母净利润6.69亿元，同比增长7.75%。截至2022年6月，老百姓大药房旗下门店已突破10 000家。

在公司发展如火如荼之际，老百姓大药房推出了2022年限制性股票激励计划草案。在草案中，老百姓大药房明确指出了本次激励计划的目的："为了进一步建立、健全公司长效激励机制，吸引和留住优秀人才，充分调动公司高级管理人员、中层管理人员及核心骨干的积极性，有效地将股东利益、公司利益和经营者个人利益结合在一起，使各方共同关注公司的长远发展……"

老百姓大药房将激励对象定为公司高级管理人员、公司中层管理人员和核心骨干，即处于关键岗位，发挥重要作用的人才，或是为公司创造重要价值的人才，其中首次授予的激励对象不超过321人。

在"定数量"时，老百姓大药房将大部分限制性股票分配给了314名中层管理人员及核心骨干，他们共获授244.71万股，占激励计划授予限制性股票总额的78.8%，另外预留份额为43.27万股，占激励计划授予限制性股票总额的13.93%，由此也可以看出老百姓大药房对人才的重视程度。

在"定条件"时，老百姓大药房列示了公司层面的业绩考核要求和个人层面的绩效考核要求。其中，公司层面以2021年归母净利润（经审计的归属于上市公司股东的净利润）为基数，2022—2024年归母净利润增长率分别不低于15%、40%和65%。

个人层面绩效考核结果有合格、一般、较差三档，考核结果为"合格"

者，当期限制性股票可全部解除限售；考核结果为"一般"者，按照个人综合业绩达成率（根据激励对象的岗位职责，适用相应的绩效考核标准计算）对部分限制性股票解除限售；考核结果为"较差"者，不得解除限售，也不能递延至下期解除限售，相应的份额由公司回购注销。

老百姓大药房也是从激励目的出发制定这些考核指标的，比如归母净利润能够反映公司的实际经营情况，并可体现公司的未来盈利能力和成长性，也能够为企业树立较好的资本形象。而且在确定具体的数值时，老百姓大药房综合考虑了宏观经济环境、行业发展状况、市场竞争情况，并结合了公司未来的发展规划，给定的数值是比较合理的，对员工也有一定的激励作用，能够促使员工通过努力达成考核指标。

至于个人的绩效考核也能够反映员工的岗位价值、工作绩效，在考核时公司也进行了准确、全面的综合评价，得到的结果能够反映实际情况，会让员工的付出和回报成正比。

老百姓大药房的股权激励目的明确，能够鼓舞公司的核心人才，也能成为公司激励体系的有益补充；股权激励制定的业绩考核目标还能够反映管理层对公司未来业绩发展的信心，同时也向外界释放了良好的信号，有助于提升公司的竞争力和可持续发展能力。

企业如果要进行股权激励，也应当向老百姓大药房这样先弄清楚激励的真正目的是什么。在实践中，身处不同行业、具有不同发展规模的企业，或是正处于不同的发展阶段的企业，实施股权激励计划的目的都会有所不同，如有的公司是为提升整体业绩，有的公司是为吸引和留住核心人才，有的公司是为进一步提升员工的工作积极性，有的公司是为降低人力资源成本压力，也有的公司是为完善公司治理机构，或是补充流动资金……

但不管要达到什么样的效果，企业在"定目的"时都应当注意以下几点。

1. 股权激励的目的要符合企业具体情况

西姆国有经济研究院院长徐怀玉曾经提出过"一元两化"股权激励理论，可以为企业实际股权激励方案、确定激励目的指明道路。

"一元两化"股权激励理论中的"一元"是指股权激励的核心理念和终极目的——"共享共赢"，即要让公司、股东、员工等共享经营成果，达成多方共赢的理想局面，股权激励应当始终围绕这个目的设计和运行。

"两化"分别指"个性化"和"制度化"，"个性化"就是要符合本企业的具体情况，不能照搬照抄其他企业的经验，更不能"跟风"随意实施股权激励。企业应当充分考虑自身性质、行业特征、发展阶段、股权结构及激励对象等客观因素，找准股权激励的目的，为企业"量身定制"股权激励方案。至于"制度化"则是将股权激励作为企业的"顶层设计"，使其符合可执行、可预期、可持续的要求，能够在推动企业稳步快速发展的同时，还能充分保障股东和激励对象的合法权益。

2. 股权激励"定目的"应抓住关键和重点问题

企业在每一个发展阶段，都会同时面临不同的问题，实施股权激励就是要解决当前最棘手、最制约企业发展的关键和问题，所以，在"定目的"时一定要避免"胡子眉毛一把抓"，而是要学会抓主要矛盾。比如，企业现阶段出现了人才流失问题，已经影响团队稳定，那么进行股权激励就要紧紧抓住人才这个核心，要拿出充足的诚意去激励人才，才有可能将他们留住。至于现阶段面临的技术问题、市场问题等，在解决了人才问题后，都有可能迎刃而解。

3. 股权激励要充分考虑未来可能遇到的问题

股权激励"定目的"不但要立足现在，更要放眼未来，企业不能只满足于解决目前遇到的问题，还应当关注日后的长远发展，要想到三年、五年甚至更长时间企业会遇到的各种困难。比如在解决现有的"留人"问题时，就要想到如何吸引更多新的人才加入，才能激活整个团队的活性，所以，在"定目的"时不能忽略"引人"的部分，在后续的"定模式""定数量"等环节也要注意为新人才预留足够的空间。

很多中小企业在实施股权激励后，感觉效果不理想，正是因为从"定目的"这一环节就没有做好清晰的设计，所以，企业一定要以慎重的态度对待这一环节，要多下功夫做好目的分析，这是股权激励获得成功的基础和前提。

三、以业绩增长为核心，而不是简单地"分蛋糕"

实施股权激励，不但能够实现引人、留人的目的，还能为公司业绩增长提供强劲的"助推器"。一方面，股权激励将公司业绩与激励对象的收入直接挂钩，促使激励对象发挥创造力、积极性，为公司的发展贡献力量；另一方面，股权激励计划中制定的业绩目标也能为激励对象指明奋斗方向，并能够提振他们的信心，促进业务持续推进，形成一股长期的成长动力。

国内众多学者一直致力于研究股权激励与公司业绩之间的关系，如刘永春等在2007年以我国400家上市公司为研究样本，得出股权激励对管理者具有鞭策作用，有利于提升公司价值的理论；曹雨等针对2010年的实证研究得出结论：股权激励的比例与上市公司业绩之间存在明显的正相关关系，管理者持股比例越高，上市公司的业绩往往就越好。

因此，企业不应简单地把股权激励看作"分蛋糕"的手段，而是要以业绩增长为核心设计股权激励方案，不断推动业绩的高增长。

广东宏川智慧物流股份有限公司（以下简称"宏川智慧"）成立于2012年，主要从事物流项目投资、物流链管理、码头仓储建设等，目前已经拥有11座自建码头，在行业内处于领先地位。

2018年，宏川智慧成功上市，上市后连续四次推出股权激励计划。

2019年，公司授予66名激励对象100万份股票期权，授予8名激励对象50万股限制性股票；2020年，公司授予87名激励对象1 000万份股票期权；2021年，公司授予119名激励对象1 000万份股票期权。

2022年，宏川智慧又一次实施股票期权激励计划，向153名激励对象授予1 000万份股票期权，包括公司董事、高级管理人员、核心管理人员、核心技术人员和核心业务人员。此次股权激励公司层面的业绩考核要求以2020年的营业收入为基准，分别考核2022—2024年的营业收入增长率，三年的基础指标分别为30%、55%、80%，最高指标分别为50%、75%、100%。

宏川智慧规定，各年度营业收入增长率不小于当年最高指标，则指标完成度为100%；若各年度营业收入增长率小于最高指标，不小于基础指标，则指标完成度为增长率与最高指标的比值；若各年度营业收入增长率小于基础指标，则指标完成度为0。公司实际可行权比例为当期计划可行权比例与指标完成度的乘积，所以，指标完成度越高，行权比例越高。若指标完成度为0，所有激励对象当年可行权的股票期权均不得行权，相应份额由公司注销。

个人实际可行权数量还要再乘以个人的行权系数，这个系数由个人层面的绩效考核结果决定。宏川智慧将其分为优良、良好、合格、待改进和不合格五档，分别对应的行权系数为90%～100%、70%～89%、50%～69%、20%～49%、0。也就是说，即使公司层面的业绩考核目标已达成，但个人绩效考核结果不合格，个人当期的股票期权同样无法行权，相应的份额将由公司注销。

分析宏川智慧的历次股权激励计划，可以看到，该公司充分发挥了股权激励提升业绩的作用。该公司将营业收入作为公司层面业绩考核指标，其中包括该公司及下属控股子公司的码头储罐收入、化工仓库收入、物流链服务净收入，以及货物监管费、代理报关费等其他收入，能够直接地反映公司相关业务的经营情况，并能够间接反映公司在行业内的市场占有率。而且股权激励设定的业绩考核指标具有一定的挑战性，有助于提升公司竞争能力，调动员工的积极性，确保公司未来发展战略和经营目标的实现。

根据宏川智慧的公告，自2019年实施股权激励以来，公司业绩实现了高速增长，2019年营业收入为4.86亿元，2020年猛增到8.48亿元，2021年增幅有所放缓，但也取得了10.88亿元的好成绩，这与股权激励的成功实施有着密不可分的关系。该公司对股权激励也是非常重视，每次激励对象的人数都超过上一次的10%，覆盖面积越来越广。同时，公司在股权激励计划中给出了年预设增长率的最高指标，彰显了管理层对于业绩进一步增长的强烈信心。

从宏川智慧股权激励的实践来看，股权激励确实给公司业绩带来了正向影响。股权激励能够稳定人心，让核心员工成为企业的经营者，可以充分发掘他们的智慧和潜能，使他们积极参与到企业核心经营中，促进企业的良性发展，而这也是提升业绩的重中之重。

因此，企业应当将实施股权激励作为一项重要的战略任务来抓。但是，在实施股权激励的过程中，企业应关注激励对象的利益与其被赋予责任之间的"博弈"问题，需要建立一套科学、完整的业绩评价制度，其中不仅要包括定量的财务指标，还应有定性指标，以便处理好责、权、利三者之间的关系，避免激励对象为了自身利益谎报业绩，给企业生存和发展造成严重的风险。

四、降低成本压力，保证健康的现金流

在企业发展的过程中，面临的最大压力往往不是外部的竞争压力，而是企业内部的成本压力，其中包括税费成本、人工成本、地租成本、物流成本等。

以人工成本为例，工资、奖金、福利费、保险费及各种补贴、补助都

属于人工成本的范畴。近年来，人工成本有所上升。如何缓解成本压力，降低现金支出，就成为企业迫切需要解决的问题，而这也是不少企业实施股权激励的目的之一。

> 有"商界艺术家"之称的梅格·惠特曼曾经担任过美国亿贝公司首席执行官、惠普公司总裁兼CEO。她在执掌亿贝的七年内，让公司年收益从570万美元猛增到32亿美元，这样一位卓越的管理人才在加入惠普时却只收取1美元的"象征性"年薪。
>
> 原来，惠普当时正面临着前所未有的艰难局面，公司股价暴跌，市值缩水380亿美元。临危受命的惠特曼不愿增加公司的成本压力，便效仿苹果创始人乔布斯的做法，只领取1美元的年薪。但同时，惠特曼被授予了190万股股票期权，在惠普股价累计上涨20%或更高时，惠特曼可以套现获得可观的财富。
>
> "低年薪+重度股权激励"的做法激发了惠特曼的工作积极性，她大刀阔斧地清理过于臃肿的机构，还调整了业务重心得到了公司上下的一致认可。
>
> 在惠特曼的努力下，公司的PC设计团队规模扩张了一倍，运转速度直线提升，报价时间缩短了75%，客户与公司的沟通速度也大大提升。惠普董事、硅谷顶尖创投人马克·安德森毫不犹豫地称惠特曼是"自惠普创始人之后该公司最好的CEO"，业界也将惠特曼誉为"惠普的救赎者"……

惠特曼的"1美元年薪"在美国科技公司中其实并不少见，谷歌联合创始人谢尔盖·布林、"脸书"创始人扎克伯格等都接受过1美元年薪。国内部分上市公司董事长的年薪也没有超过50万元，更有一些董事长年薪低于5万元，甚至只领取1元年薪。这种象征性的年薪在客观上降低了企业的人工成本压力，减少了现金支出。

但是，1美元或1元现金的年薪，背后离不开股权激励的支撑。当然，其他员工只要努力工作，不断为公司创造价值，也能成为股权激励的对象，可从中获得丰厚的回报，只不过这些回报不是在现阶段立即实现，而是由公司设定一定的条件，在企业效益良好时才与员工共享收益。此时，企业经营状况稳定，现金流较充裕，就算给员工兑现股权激励的收益，也不会带来较大的成本压力。

因此，初创企业或是处于发展困境中的企业，想要降低成本压力，就可以尝试引入股权激励。一方面，给予激励对象更低的固定薪资；另一方面，通过股权激励平衡收益，以获得员工的理解与支持，也能够激励员工与企业团结一心、共克时艰。

需要指出的是，如果股权激励实施得当，不仅能够直接降低人工成本，而且能够间接降低管理成本和经营成本。这是因为股权激励能够给激励对象带来身份感的转变，使其产生强烈的"主人翁"意识，他们会自发地控制成本，提高公司利润，以获得股权收益最大化。如永辉超市曾经实行过"合伙人制度"，就让员工的面貌焕然一新。原本很多一线员工在工作时不主动、不积极，码放果蔬时随意乱丢，造成了大量浪费，可是在合伙人制度下，员工将工作当作自己的"事业"，做事特别认真负责，拿取果蔬时能做到轻拿轻放，有的员工还主动招揽顾客，低价处理不太新鲜的果蔬，减少了损耗，节约了经营成本；同时，门店团队在招聘员工时也注意"精打细算"，尽量减少人数、提升效率，使得管理成本有所下降。

类似这样的案例在实践中还有很多，这也足以说明，善用股权激励对于降低成本确实能够起到非常积极的作用，而节省下来的成本可以用于改善经营、发展生产，有利于形成良性循环，对提升企业的生存能力、竞争能力都有莫大的帮助。

五、给人才戴上"金手铐":利空还是利好

股权激励常被管理学家形象地称为"金手铐",顾名思义,公司利用股票期权、奖金红利等预期收入手段留住人才的手段。对于"金手铐"一词的含义,我们还可以从两个方面去理解:一方面,"金手铐"非常贵重,对优秀人才具有强烈的吸引力,能够留住他们,激励他们为企业贡献智慧和汗水,与企业共享丰厚的利益;另一方面,"金手铐"毕竟不是"金手表",它一般都有时间等限制条件,一旦人才接受了"金手铐"的约束,说明他们与企业结成了"命运共同体",不能轻易离职跳槽,否则就无法兑现利益。

如今,越来越多的企业引入了这种激励手段。有资料显示,仅2021年上半年,就有63家科创板公司发布了股权激励计划,涉及的行业包括电子设备制造商、软件和信息技术服务业、专用设备制造业、医药制造业等。

中芯国际集成电路制造(上海)有限公司(以下简称"中芯国际")就抛出过一份股权激励计划,想要给人才戴上"金手铐"。

该公司所处的集成电路晶圆代工行业属于技术密集型行业,对人才的专业背景、技术实力、经验积累等都有极高的要求。然而,近年来行业优秀技术人才的供给却存在较大缺口,不仅如此,企业之间对于核心技术人才的争夺也非常激烈。2018年,中芯国际员工整体流失率高达22%,是同业均值的1.3倍;2019年,员工流失率虽然下降到17.5%,但仍然大大高出行业均值。为避免人才进一步流失,中芯国际不得不拿出颇具力度的股权激励计划。

2021年7月19日,中芯国际公司董事会通过了《关于向激励对象首次授予限制性股票的议案》,决定向近4 000名激励对象授予占公司股本总额0.85%的限制性股票。

> 这些激励对象只要用20元的成本，就可以买到当时价格54元左右的股票，相当于以不到3.6折的价格入股，差价就是公司授予员工的奖励。而这些激励对象不但包括公司董事、高管，还包括核心技术人员、中高级业务管理人员、技术与业务骨干人员，约占员工总数的23%，是一个非常高的比例。
>
> 中芯国际推出这样"大手笔"的激励计划，也是为了将员工的利益和公司未来发展紧紧绑定。如果公司业绩飘红，股价大涨，拥有股票的核心人才会获利更多，他们在做出离职决定时自然会更加谨慎，核心人才队伍也会逐渐趋稳，这对于公司的长远发展是非常有利的。可以预见，在"金手铐"的激励与约束下，中芯国际未来的业绩值得期待。

同中芯国际一样，很多企业正是因为看中了股权激励作为"金手铐"的双重作用（约束作用＋激励作用），才放心大胆地授予管理层、骨干人员、优秀员工以相应的股权。但是，我们不能忽视一点，那就是股权激励的最终目标是"共赢"。如果只重视约束作用，必然会挫伤激励对象的积极性；但是激励力度过大，又会对股东的利益造成损害。

因此，企业在打造"金手铐"时，必须注意做好以下几点。

1. 金手铐应当具有双向制约作用

金手铐不能只"绑定"一方，却对另一方毫无约束。比如，企业发展势头良好，但缺乏完善的考核机制制约员工，员工就容易躺在自己已经获得的利益上不作为，想要坐享其成；再如，股权激励缺乏对大股东的制约，使得大股东肆意妄为地为自己谋取私利，严重损害了员工的利益，使得员工感到十分失望，更会对企业的未来缺乏信心，担心回报率过低，不愿意为企业发展付出努力，有的员工还会选择离开。

诸如此类的问题都是只进行"单向制约"造成的，倘若企业不能及时修正，是无法形成企业与员工"共赢"的理想局面的。

2. 金手铐的激励力度不能过强或过弱

金手铐的激励力度过弱，对于员工没有吸引力，有的员工还会觉得企业是在"瞎忽悠"，缺乏激励的诚意；可要是激励力度过强，设置的方案过于激进，没有为未来进一步实施股权激励留下任何可操作的空间，到了后期就只能稀释现有股权，那就更会引起员工的不满。

因此，股权激励一定要把握好分寸，要做到"细水长流"，使员工能够体会到股权获取的不易，这样他们的积极性才会被充分地激发出来。

3. 金手铐的"绑定"方式和周期应当认真权衡

也就是说，采用股权激励的模式需要根据行业现状、企业发展实际情况等进行提前斟酌，看是采用实股激励还是虚拟股激励，是采取奖励转股还是让员工以现金购买等。

另外，股权激励的周期也要根据企业的战略部署或阶段性项目完成所需要的时间等因素进行综合评判。唯有如此，金手铐才能发挥真正的作用，才能将员工和企业牢牢地"绑定"在一起。

4. 金手铐要"绑定"的对象选取需要格外谨慎

"金手铐"要"铐"住的对象是谁？这个问题尤其要谨慎抉择。一般而言，值得企业动用"金手铐"激励的人选应当是对企业的长远发展有重大影响力，或是对企业业绩提升、业务转型等方面有决定性影响的人才。

这类人才是十分宝贵的，有的甚至是无可替代的，必须用金手铐"铐住"，避免他们轻易离开，给企业造成难以估量的损失。

最后，我们还要明确一点："金手铐"并非万能，它也有自身的局限性。比如，个别持有股权的管理层可能会为了追求高利润、高市价而做出一些有损公司长远利益的短期行为，所以，创始人千万不要以为给管理层和其他人才套上了"金手铐"，就可以放松对企业的管理和对管理层的约束，那样很有可能将企业引入危险的境地。

六、优化治理结构,助力企业获得竞争优势

为了实现有效的资源配置,更好地监督、控制公司的经营管理,以实现最佳的业绩,公司所有者、董事会、经理层之间需要形成一套成熟、稳定的关系框架,这就是公司的"治理结构"。诚如某位管理学家所言:"19世纪是企业家的世纪,20世纪是管理的世纪,而21世纪将是公司治理的世纪。"

在一个公司中,股东作为公司的所有者,处于治理结构的顶点位置,关注的是实现"利益最大化"的问题,而在顶点之下,则是公司董事会、经理层和监事会构成的相互制衡的利益"三角形"。

在实际运作中,股东通过董事会将公司管理权赋予经理层,使得所有权和经营权彼此分离,但经理层有可能从自身利益出发做出选择,从而偏离了股东追求的"利益最大化"的目标,即出现"代理风险"。为了避免出现这种情况,公司就要设计有效的股权激励机制,通过恰当的激励和约束,使经理层的个人利益能够和股东利益趋于一致,公司治理结构也能够得到完善。

早在20世纪80年代后期,欧美一些公司就开始尝试借助股权激励优化治理结构,它们会对核心高管授予股票期权或限制性股票,使高管的个人收入与股价紧密相连。如此一来,制约公司发展的代理风险和道德风险问题能够得到一定程度的解决。

国内众多上市公司也已经尝试用股权激励完善公司治理,这也成为股权激励的重要目的之一,它能够改善公司的经营管理水平,促进规范、高效的运作。

东方财富信息股份有限公司(以下简称"东方财富")成立于2005年,该公司面向海量用户提供全方位的金融服务,被誉为"互联网券商龙头"。

2010年3月，东方财富登陆创业板，五年后即成为创业板首家市值突破千亿元的上市公司。

近年来，东方财富发展势头十分强劲，特别是证券业务覆盖全国，分公司达到12家，仅2021年上半年证券业务的收入就超过32亿元，金融电子商务服务业务的收入超过23亿元。

在业绩快速增长的同时，该公司推出了股权激励计划，主要目的是优化治理结构，带动公司的下一轮快速增长。

2021年，该公司对外公布了限制性股票激励计划草案，准备向800多名激励对象授予5 000万股限制性股票，约占公司股本总额的0.48%。其中首次授予限制性股票4 500万股，预留500万股。本次限制性股票的授予价格为34.74元/股，略高于当时的股价，从中不难看出管理层对公司未来发展态势充满了信心。公司层面的解锁目标实现难度不大，2021—2023年的三个会计年度，净利润增长率与2020年的基数相比分别不低于40%、80%、120%即可。

此次限制性股票激励的覆盖范围较广，激励对象既包括公司董事、中高层管理人员，又包括与公司发展息息相关的技术骨干、业务骨干和一些表现突出的员工。其中核心职业经理人团队获得的份额非常可观，像拥有IT工程师背景的副董事长兼总经理获授320万股，占授予权益总数的6.4%；拥有哈佛商学院背景的副总经理兼财务总监获授130万股，占授予权益总数的2.6%。这样的安排充分体现了公司对于建立专业化、国际化、年轻化管理团队的重视——希望可以用股权激励绑定高管，搭建优秀的人才队伍，确定好长期战略方向，更好地应对激烈的市场竞争。

东方财富的股权激励方案对于优化公司治理结构能够起到非常积极的作用，这主要体现在以下几个方面。

1. 股权激励协调了股东与经营者的利益

股权激励让职业经理人在进行经营决策和战略规划时更加关注企业长

远的发展目标,因为这直接关系到他们能够获得的收益。他们有可能通过股权激励成为股东的一员,这会让他们从股东的角度思考问题,不会随意作出违背股东利益的决策,这样其他股东的利益也能够得到保证,因此,就能够减少甚至消除"代理风险",也有助于不断优化企业资源配置,提升企业的抗风险能力,更可促进企业的进一步发展。

2. 股权激励强化了董事会的作用

股权激励将董事会成员纳入激励对象的范围,对其进行中长期激励,这会让董事会从一味地关注业绩,转为关注公司的长远价值,也有利于董事会成员和股东利益的统一。另外,董事会的作用也得到了加强,能够更好地发挥对管理层的约束作用,使公司运作更加科学、更加规范和高效。

3. 股权激励能够提升公司的运作效率

股权激励方案中既有公司层面的考核目标,又有个人层面的考核目标。其中,公司层面的目标不是某一个高管或普通员工通过努力就能够实现的,而是需要整个组织协调一心、群策群力、共同努力,才有可能顺利实现一个又一个"小目标"。在这种情况下,高管会自觉带领员工团结奋战,员工也找到了行动的方向感,整个公司内部会形成一种健康、积极的氛围,有助于提升整体运作效率。

总体来看,股权激励能够协调各方利益、降低代理成本、提升运作效率、增强内部距离,因此,是公司优化治理结构、提升竞争优势的一个很好的选择。

七、提升企业融资能力,降低融资成本

在企业发展的过程中,"融资"是一个绕不开的话题。毕竟,缺乏充足的资金,企业的生存和发展就会缺乏保障。因此,企业需要从生产经营

现状、资金运用情况及未来发展战略出发，通过适当的渠道和方式筹集所需的资金。

按照资金的来源，企业融资大致可分为内源融资、外源融资两大类，前者是从企业内部开辟资金渠道，好处是风险小、成本低，但资金来源比较有限；后者是从外部开辟资金渠道，如向银行借款、首次上市募集资金、配股和增发等都属于外源融资，优点是可以快速满足企业的资金需求，但融资成本高于内源融资。

股权激励也可以成为企业的一种融资方式，如企业在设计股权激励方案时，要求激励对象出资购买股权，或是允许激励对象以工资或部分奖金充抵激励股权的购买价款。这样企业既能够达到激励员工的目的，又能从内部员工手中获得一部分融资。

广汽埃安前身为广汽新能源，是广汽集团旗下的汽车品牌，于2017年注册成立，2020年实现品牌独立，主推高端智能电动车产品。2021年，广汽埃安新能源汽车有限公司产品销量超过12万辆，已成功跻身高端电动车市场前五位，未来发展势头良好。

为进一步增强企业竞争力，推动技术升级，稳定人才队伍，2022年3月，经广汽集团董事会审议通过，广汽埃安将以非公开协议增资的方式，实施员工股权激励。此次增资共计融资25.66亿元，其中794名激励对象出资17.68亿元。这些出资对象绝大部分为广汽埃安员工，另有一小部分为广汽研究院科技人员，而广汽埃安当时全部员工不到5 000人，此次股权激励的覆盖范围已经超过14%，可见激励范围之广。

对于此次股权激励，激励对象表现得相当积极，均愿意以真金白银出资认购股份，为企业募得了一笔非常可观的资金。虽然此次股权激励的"绑定期"长达五年，也没有影响激励对象的参与热情，这也足以说明他

第三章　定好目的：股权激励不应是赶潮流与模仿

们对企业的未来发展持非常乐观的态度，愿意为企业投入资金，和企业共同进退……

在这里，股权激励就发挥了融资的功能，广汽埃安通过股权激励向内部员工融资，在一定程度上缓解了企业在资金方面面临的压力。同时，企业的长效激励机制也得以完善，能够更好地激发广大员工的积极性，有助于推动企业进一步做大、做强。

不仅如此，实施股权激励也能够优化公司的治理结构，还能够促进业绩增长，因此，会受到外部投资者的青睐，更容易拓宽外部投资渠道，所以，有融资需求的企业不妨将股权激励纳入考虑范围中。

当然，在实际操作中，并不是所有的企业都能取得如此理想的效果。某企业虽然发展态势不错，产品深受客户欢迎，但因为近年来追求技术升级，投入了大量资金，导致现金流吃紧。考虑外部融资成本过高，该企业决定以股权激励的形式进行内部融资，实现企业与员工的双赢。然而，员工虽然看好企业未来的发展，却因为不了解公司财务状况和投资入股细节，表现得犹豫不决。

弄清问题所在后，该企业重新设计了股权激励计划，采用"保底回购"等方式，打消了员工的顾虑——若企业未来经营状况良好，员工可与企业共同分享可观的收益；若未来业绩不理想，企业也承诺按原价回购股份，这样就能大大降低员工需要承担的风险，同时也提升了员工的信心。于是，超过半数的员工踊跃出资，为企业实现了 2 000 万元的内部融资。利用这笔资金，企业可以在新的项目上大展拳脚，创造出更多的利润，员工也可以获得更加丰厚的回报。

由此可见，企业想要发挥股权激励的融资作用，一定不能盲目进行，而是应当充分考虑员工的实际需要，对员工进行必要的解释工作，使员工能够理解和接受企业未来的发展规划和财务预测,才能放下顾虑出资入股。

除了员工出资外,企业还可以通过股权激励向经销商、供货厂商融资,使这些上下游企业成为股东,与企业深度绑定,不但有利于缓解资金问题,而且能构建完整的产业链,加速企业的发展。

第四章

定好对象：股权是稀缺资源，一定要用在刀刃上

一、回归股权本质，什么样的人才适合被股权激励

明确了股权激励的目的，下一步要解决的问题是"定对象"，也就是要确定哪些人才适合参与公司的股权激励计划。只有找准了"对象"，才能把有限的激励用在"刀刃"上，也才能够为企业带来最大的价值。

根据美国《财富》杂志的一项调查，全美排名在前 1 000 位的企业中，绝大多数都实施了自己的股权激励方案，而它们选定的激励对象主要包括三大类，即过去为企业创造过可观价值的"功臣"，现在企业发展不可或缺的骨干人员，以及和企业长远发展息息相关的未来人才。

近年来，我国股权激励相关政策不断完善、细化，为企业推行股权激励提供了必不可少的条件，众多企业在"定对象"时也有了比较明确的依据。

以上市公司为例，《上市公司股权激励管理办法》第八条规定：

"激励对象可以包括上市公司的董事、高级管理人员、核心技术人员或者核心业务人员，以及公司认为应当激励的对公司经营业绩和未来发展有直接影响的其他员工，但不应当包括独立董事和监事。外籍员工任职上市公司董事、高级管理人员、核心技术人员或者核心业务人员的，可以成为激励对象。

"单独或合计持有上市公司 5% 以上股份的股东或实际控制人及其配偶、父母、子女，不得成为激励对象。下列人员也不得成为激励对象：

"（一）最近 12 个月内被证券交易所认定为不适当人选；

"（二）最近 12 个月内被中国证监会及其派出机构认定为不适当人选；

"（三）最近 12 个月内因重大违法违规行为被中国证监会及其派出机构行政处罚或者采取市场禁入措施；

"（四）具有《公司法》规定的不得担任公司董事、高级管理人员

情形的；

"（五）法律法规规定不得参与上市公司股权激励的；

"（六）中国证监会认定的其他情形。"

非上市公司进行股权激励的主要监管法规是《中华人民共和国公司法》（以下简称《公司法》），其他方面的规定不多，在"定对象"时要比上市公司拥有更大的"发挥空间"，但激励范围与上市公司大体相同，也是在公司董事、中高层管理人员、核心技术人员和业务骨干中选择。另外，对公司发展有重要作用的优秀人员及未来人才也会成为激励对象。

"定对象"除了要考虑公司的性质外，还要考虑公司所处的发展阶段。因为在不同的阶段，公司的发展目标和发展战略不同，在选择激励对象时应当从目标和战略出发，才能起到事半功倍的效果。

比如，初创期企业正处于"求生存"的关键阶段，资金、人才都比较有限，这时候企业往往会将核心技术人才定为激励对象，一方面，能够尽可能地挽留住这些决定企业生死存亡的人才；另一方面，也能够用股权代替一部分奖金，有助于缓解企业的资金压力。

等到企业步入成长期，市场份额稳步提高，业绩增长速度加快，利润明显提升。此时，企业对各岗位人才的需求也变得非常旺盛，特别是对中高端人才更是十分渴求，这时候激励对象的范围就可以从核心技术人才扩大到对企业发展至关重要的管理、运营和销售人才。比如高层管理人员的职业素养、工作能力影响着决策的正确性、科学性，关系着企业能否健康发展；中层管理人员肩负着企业规范运营管理的重任，还可成为高管与员工们沟通的纽带；骨干员工和技术人才也为企业的发展作出了不可磨灭的贡献，所以，企业有必要将他们列入激励对象的范围。同时，借助良好的发展势头，企业还可以通过股权激励吸引更多的优秀人才加入，使自身发展不断迈上新的台阶。

当企业进入成熟期后，发展速度会逐渐放缓，但组织结构和各项制度已经比较完善，也拥有了较高的抗风险能力，此时股权激励应当对中高层管理人员、核心技术人员适当"加码"，以保持企业长期繁荣，避免犯"大企业病"。

> 美的集团在进行股权激励时，就非常注重根据公司发展要求来"定对象"，多层次的股权激励方案为公司注入了强大的动力。
>
> 2014年初，美的推出了第一期股票期权激励计划方案，当时的激励对象主要是与产品研发、制造、品质等相关的科技人员及业务方面的优秀人才，这次股权激励很好地配合了"产品领先、效率驱动、全球经营"的发展战略，让公司走上了高速发展的快车道。
>
> 自2015年起，随着家电市场竞争日趋白热化，行业发展速度有所放缓，美的也从追求规模化发展，转向注重管理提升，通过合伙人持股计划对公司副总裁、事业部及经营单位总经理及其他核心负责人进行激励，由此弥补了公司薪酬结构单一、缺乏长期激励的缺点，将这些高管人员与公司深度"绑定"，还培养出了一批与公司拥有共同价值观的事业带头人，促进了公司长期、稳健的发展。
>
> 到2017年，美的集团的发展重点又有所变化，从注重营销转向注重品质，相应地，股权激励也加入了限制性股票激励计划，激励对象转为对经营单位和部门承担主要管理责任的中高层管理人员，其目的是提升这些中层管理者对公司的黏性，也让美的集团的股权激励体系变得更加完善。
>
> 美的集团的股权激励产生了十分良好的效果，公司发展势头迅猛，业绩增长显著，营业收入从2014年的1 423亿元增长到了2021年的3 434亿元，净利润从116亿元提升到285.74亿元，公司股价呈上升趋势。

分析美的集团的股权激励方案,可以发现,该公司是根据不同发展阶段的主要战略目标来确定激励对象的,对于不同的对象也选用了不同的激励工具,兼顾各方利益,实施效果也比较理想。

在竞争激烈的家电行业,美的集团始终注重对关键人才进行有效激励,不仅能够减少人才流失,而且能够稳定现有的人才队伍,有助于实现公司各个阶段的战略目标,促进公司的发展壮大。

毕竟股权属于稀缺资源,应当用在最值得激励的对象身上,要让他们感受到公司对他们的倚重,让他们能够获得实打实的收益,才能提升他们的自我价值感和使命感,也能让他们对企业产生更加强烈的归属感,愿意为公司的发展竭尽全力。

二、用"杯酒释兵权"的股权激励方式奖励"功臣"

在股权激励"定对象"的时候,常常会出现这样一种观点:对于能力跟不上企业发展步伐、对企业贡献有限的老员工,不必列为股权激励对象。

这种观点乍看上去有道理,可实际上,企业现在取得的成就离不开老员工过去的努力,完善的股权激励方案应当将过去的"功臣"纳入其中,这样才能彰显企业管理的人性化,也能反映优秀的价值观,还能体现出对老员工的尊重和爱护,会让更多的员工对企业产生高度的认同感和归属感。

不仅如此,对"功臣"进行股权激励,还有利于顺利回收权利,也能够安抚好老员工,有助于核心团队稳定实现"新旧交替",对企业长远发展是有好处的。正是因为这样,这种对"功臣"的激励方式也被称为"杯酒释兵权"。

"杯酒释兵权"的典故发生在北宋初年。宋太祖赵匡胤夺取政权之后，时常担心武将掌握的兵权太大，会对国家的稳定造成威胁。可这些武将在过去都立下过汗马功劳，而且有的和宋太祖私交甚笃，像石守信和王审琦就是宋太祖的结义兄弟，并且他们在军队中拥有很高的威望。

宋太祖想要解除他们的兵权，又不想和昔日的兄弟恩断义绝，更不想让其他文臣将领"寒了心"，于是他安排酒宴，召集石守信、王审琦等饮酒。酒酣耳热之际，宋太祖突然说出了自己的忧虑，诸将听完都有些惶恐不安。宋太祖借机提出，让他们交出兵权，外放为节度使。朝廷也会给他们丰厚的"回报"，让他们能够多积累一些财帛田宅，为子孙后代打造一份长久的家业。

石守信等人接受了宋太祖的提议，第二天就主动上表称病，接着纷纷放弃兵权，到地方当了节度使，也为宋太祖解除了后顾之忧。

几年后，宋太祖又如法炮制，趁藩镇节度使王彦超、郭从义、武行德等人入朝觐见的机会，设宴款待他们，次日便顺利解除了他们的藩镇兵权，但给予他们高官厚禄作为补偿。

从此以后，"杯酒释兵权"就成了和平收回权力的代名词。这一事件既避免了因权力更替造成的纷争，又改变了那些解职武将的命运。

企业发展到"成熟期"阶段，昔日开疆扩土的创业元老大多已经身居高位，这些"功臣"掌握的权力过大，难免会成为企业发展的隐患。比如有的"功臣"会"居功自傲"，对新的发展战略横加阻拦，导致各项良好的措施得不到落实；有的"功臣"会依仗自己的"老资历"，对新进员工进行打压，影响公司继续发展壮大。这些问题如果得不到及时解决，公司发展速度会逐渐放缓，甚至还有可能走入困境。

想要解决这些问题，不能采用粗暴的"离职补偿模式"，因为"功臣"大多掌握着企业的核心技术、商业机密及重要客户，轻易将"功臣"驱赶出企业，不但会失去这些重要的资源，还可能为企业培养出新的竞争对手，可以说是贻害无穷。也有一些企业会将一些非核心业务和资产剥离出去，鼓励"功臣"主动牵头进行内部创业，这种办法能够缓解一些内部矛盾，也不会影响核心业务的发展，但容易造成资源分散，也会让"功臣"的专业经验和知识、技能得不到很好的应用，无疑会是一种浪费。

所以，想要解决"功臣"权力过大的问题，还是应当引入股权激励实现"杯酒释兵权"的目的。首先，可以用分红权来置换"功臣"的控制权，用丰厚的收益打动"功臣"，让他们心甘情愿地离开现有管理职位，去往更适合的岗位，为核心员工腾出足够的发展空间，自己也能够安心享受企业分享的利益；其次，利用分红权比例与表决权不一致的机制，避免权力分散，减少企业内耗；最后，"功臣"的身份从高管转为股东，股权只有达到一定的业绩目标和年限后才能转让，如果离职还会被收回，这样也能对"功臣"起到一定的制约作用，使他们不会进行二次创业，或是加盟竞争对手，做出伤害企业利益的行为。

当然，在"杯酒释兵权"的同时，企业也要更好地招募、培养新员工，还可以用股权激励激发新员工的动力，这样才能顺利实现"新老交替"，为企业长期发展奠定良好的基础。

三、高管不愿与企业同甘共苦，股权激励能否改变现状

企业高层管理者掌握着最全面的经营信息，肩负着制定总目标、总战略，向各部门分配任务和资源及考核各事业部工作的重要责任，是组织的中坚力量。企业的成功离不开高管的正确决策，他们的地位无可取代。

在很多企业中，高管常常由职业经理人担任，他们的能力非常卓越，但作为个体，他们也有获取利益和实现自我价值的需求，企业有必要通过丰厚的薪酬和有力的股权激励适当满足这些需求，才能提升他们的归属感和忠诚度，使他们真正愿意与企业"同甘共苦"，并能够将企业当作自己尽情施展才华的"舞台"。

企业在激励高管时，不能一味地依赖现金薪酬，因为这很可能导致高管的短期行为。一些高管可能会为了保持个人的良好业绩做出损害企业利益的选择，还有一些高管会因为对薪酬不满意而选择跳槽。

想要避免出现这样的结果，企业最开始就要有一个长远的规划，像某著名企业在创立后不久就开始对高管进行股权激励，随着公司的不断发展，股权激励在薪酬结构中的占比越来越高，高管的收益能够做到"上不封顶"，这自然会刺激他们进行精准的决策，以提升公司业绩，创造更多的利润，同时也能实现个人的财富自由。

企业在实际操作中，需要注意以下几点。

1. 制定完善的股权激励体系

企业应与高管进行充分的沟通，以了解其真正的需求。比如，不同年龄的高管就会有不同的需求，年富力强者可能更看重未来的上升空间，步入中年、久经职场考验者可能会有求稳心态，更看重实打实的收益，对此企业就可以设计不同的股权激励方案。

另外，企业还要根据现阶段实际发展情况，以及未来发展战略等因素制定科学合理的考核标准，并要定好现金激励与股权激励的比例，这样才能让股权激励对高管产生积极的影响。

2. 不可忽视精神激励

对高管进行股权激励的同时，企业也不能放松精神激励。精神激励的效果是无形的，却能够满足高管的"尊重需求"及"自我实现需求"，而这两种需求属于人生的高阶需求，得到满足后，能够给高管带来难以估量的成就感和荣誉感，有助于消除长期从事管理工作带来的心理疲惫感，也会让他们产生更多的工作动力。有的高管还会产生出强烈的使命感，愿意献身于企业，为企业的成长壮大而骄傲，这样的精神激励作用是物质激励很难达到的，所以，企业一定要做好这方面的设计。

3. 对高管进行股权激励不可破坏公平

有的企业将股权激励当作对高管的奖励，考核门槛设置得过低，高管能够轻易行权，这对广大普通员工来说是很不公平的，同时也会引起中小股民的疑虑；另外，公司内部缺乏完善的监督管理体制，薪酬信息不公开、不透明，也会让其他员工对企业失去信任；此外，高管动辄就从股权激励中获得惊人的财富，而普通员工的收入提升却很有限，这也会让员工产生怨气。

因此，股权激励不能只考虑高管的利益，还应兼顾其他员工的利益，这样才能更好地激发员工的工作热情，让他们自觉加入"良性竞争"，创造出更高的业绩。

四、用好"80/20"法则，激励骨干人才

帕累托法则也被称为"80/20"法则，也叫二八定律、关键少数法则。

该法则以意大利经济学家维尔福莱德·帕累托的名字命名。他在统计19世纪英国社会各阶层的财富和收益时，发现20%的人占据了80%的社会财富，而剩余80%的人仅仅拥有20%的社会财富。帕累托对这个现象很感兴趣，便进行了很多这方面的研究。后来他在大量具体事实中一再发现类似的情况，总结出80/20法则，即在任何一组东西中，最重要的东西可能只占其中一小部分，比重约为20%，而其余80%的东西则是相对次要的。

帕累托将自己的发现公之于世后，最初并未得到人们的重视。到

1949年，哈佛大学的语言学教授乔治·吉普夫发现了最省力原则，才让"80/20法则"重新进入人们的视野。最省力原则，就是说人、货物、时间、技能等一切资源会自我调整，以求将工作量减少，让效益达到最大化。根据测算，约20%的资源与80%的资源活动有关。

通过吉普夫等的研究，"80/20法则"逐渐被引入企业管理之中，为提升管理效率、改善管理质量提供了不少帮助。而在股权激励的问题上，企业也可以引入"80/20"法则，重点培养和激励现有员工中最为重要的20%的骨干人才。

> 在通用电器公司，管理者被要求对自己的下属和员工进行分类排序。他们必须区分出哪些人是组织中表现最为优秀的A类员工。这类人对待工作常常充满激情，而且富有远见卓识，不但能够尽职尽责地处理好自己负责的各种事项，还能够不断追求自身能力的充实和提高。不仅如此，他们还能对身边的同事、下属产生良好的影响，可以让组织氛围变得更加积极向上。当然，这类员工在企业中的数量并不多，根据"80/20法则"，他们在员工总数中大概只占20%的比例。
>
> 在A类员工之外，还有B类员工和C类员工。其中B类员工数量最多，约占总员工人数的70%。与A类员工相比，他们的表现显得比较平庸，他们可以任劳任怨地完成自己的工作，但是却缺乏激情和活力。他们通常只是按部就班地完成上级的指示，在他们的工作成果中，也很难发现令人惊喜的闪光点。
>
> 至于C类员工则是不能够胜任自己工作的那类人，他们要么能力有限，不适合自己的岗位需求；要么工作态度消极，做事纯属敷衍和应付。虽然这类员工人数最少，大概占比仅为10%，但若是管理者对他们不闻不问，就无疑是在制造一批"害群之马"，会让A类、B类员工受到很多不良影响，并会让组织效率和执行力水平持续下降。

在进行股权激励时，通用电器公司会将 A 类员工定为重点激励对象，分配给他们大部分股权，并会根据他们的才能将他们安排到 20% 的关键岗位上，使他们在工作中表现得更加积极和出色；而对 B 类员工，通用电器公司会对他们进行相应的激励，也会进行鞭策，使他们能够表现得更加主动、热情，有逐渐向 A 类员工靠拢的趋势；至于 C 类员工，通用电器公司不会浪费资源对他们进行股权激励，而是会把他们先安排到其他岗位，观察他们的后续表现，如果发现他们仍然没有任何改进，那就只有尽早将他们淘汰。

通用电器公司这种分类激励的做法虽然不够完美，但却能够让企业学会重视 20% 的骨干人才，发挥好他们的积极作用，用先进的少数人来带动落后的多数人，所以，能够为组织和企业带来持续不断的活力。

在实践中，企业可以适当参考通用电器公司的思路，再结合本企业、本部门的实际情况，用"80/20 法则"进行股权激励，找到并留住 20% 的骨干人才，让他们可以带动其他员工，为企业作出更多的贡献。

1. 定位真正的"骨干人才"

企业首先应当发现并抓住那些关键人才，才有可能正确地利用"80/20 法则"去进行股权激励。但是这种发现工作本身是很有难度的，需要人力资源部门发挥独到的眼光和准确的判断力，并要注意多与组织中的各种人才积极沟通，观察他们在工作中的各种表现，这样才能对人才有非常准确的认识。

另外，企业还可以引入一些科学测评方法，或是委托专业的测评公司，通过可靠、可信的测试工具去更好地了解员工的性格、能力、潜力、价值观等方方面面的信息，从而能够更加精准地从组织中识别出关键人才，并制订出合理、高效的骨干人才培养计划和股权激励计划。

2. 对骨干人才进行激励

骨干人才对企业的意义非常，管理者一定要对他们做好重点激励工作，使他们心甘情愿地留下来，与企业同呼吸、共命运。

为此，企业应当注意构建适合骨干人才发展的平台，使他们能够在工作中感受到自己的价值，可以获得一种成就感和满足感。另外，企业还可以将股权激励、在职培训、进修资源及晋升机会的80%拿出来，用在这些骨干人才的身上，这不但能够让人才的能力不断提升，可以为企业作出更多贡献，还能够强化他们的工作动力，使他们更加积极向上，追求卓越。

在进行股权激励时，企业应当向骨干人才提供具有竞争力的激励计划，这种"竞争力"不但要体现在企业内部，而且应当体现于全行业中，这样才能起到"留人"的作用。

3. 发挥骨干人才的影响力

在激励和鼓舞20%的骨干人才的同时，企业也不能忽视占据员工绝大多数的普通员工。特别是其中一部分能够尽职尽责完成本职工作的员工，企业就更要重视对他们进行"推动"工作。比如，企业在对骨干人才进行股权激励的同时，还可以以其为榜样，对普通员工进行鼓励，使他们产生赶超骨干人才的好胜心和勇气，这样企业内部也会逐渐形成"力争上游"的良好氛围。在一段时间后，一些普通员工的工作状态就有可能发生可喜的变化，业绩也呈上升趋势。这时，企业可以将他们纳入新一轮股权激励计划中，也对他们进行适度激励，使他们对工作能够更有干劲儿和信心。

需要注意的是，企业需要通过"优胜劣汰"来促进竞争、保持活力，这种机制不光适用于10%的不称职员工，也适用于普通员工和骨干人才。因为骨干人才长期处于安逸的环境，不接受危机的考验，就有可能产生惰性，会出现退步的情况。所以，企业应当建立一套动态的人才评估体系，随时掌握员工的工作状态。在这个过程中，如果发现20%的骨干人才已经不再能够发挥骨干作用，不能为企业创造应有的价值，就应该对其进行"降级"或淘汰的处理，并对其取消股权激励；而普通员工如果经过自身的学习、努力，能力得到了很大提升，也为企业创造了很多价值，那就应该理所当然地成为新的骨干人才。

"流水不腐，户枢不蠹"，唯有如此，企业才能不断发现骨干人才、优秀员工，从而能够保持组织的长久活力，并能够不断提升组织的核心竞争力。

五、金色降落伞：为功成身退的老员工保驾护航

在高层管理人员（包括公司高层主管、最高行政负责人等）因为各种原因离开企业的时候，我们不能忽视对他们的经济补偿和保障措施，这既是对他们过去功勋的一种回报和表彰，也是对退出机制的完善，有助于实现平稳的权力交接，避免出现公司动荡。

为此，国外的不少企业都制订了"金色降落伞"激励计划。这是一种针对未来的激励，"金色"代表这部分的激励价值相当高，而"降落伞"则表示"平稳着陆"或"平稳过渡"。

美国木材加工企业克朗·塞勒巴克公司在面临恶意收购时，曾经推出了一系列"毒丸"计划，其中就包括"金色降落伞计划"。根据"金色降落伞"的规定，该公司的16名高级负责人在卸任时，有权领取三年工资和全部的退休保证金，而这些"离职补偿"总额超过9 000万美元。其中，董事长兼总经理一人就能够获得2 300万美元，这不但能够免除高管们的后顾之忧，还在无形中增加了收购成本，让对手压力大增。

无独有偶，曾执掌英国石油公司的托尼·海沃德也成为"金色降落伞"计划的受益者。因为在墨西哥湾漏油事故中饱受批评，海沃德最终选

择辞职。在他离开时，获得了100万英镑的离职补偿金，再加上高达1 080万英镑的退休金，足以保障其晚年生活无忧。

我国也有成功实施"金色降落伞"的例子，其中有代表性的有山东阿胶集团等。

在山东东阿集团，随着企业的发展壮大，创始团队中的部分高管人员在精力、眼界等各方面暴露出了不足，已经无法跟上企业发展的步伐，但他们过去对企业作出的贡献又是有目共睹的。所以，阿胶集团对这些高管实施了"金色降落伞"计划，使他们得到了妥善的安置，没有产生太大的心理落差。同时，管理层也得到了优化，实现了企业和个人的双赢。

不过，"金色降落伞计划"也有一定的弊端。比如，一些高层管理人员是因为"经营不善"等原因离职的，企业却要为其支付高额费用，容易引发其他员工的不满。再如，在企业面临恶意收购时，过高的离职补偿金可能会产生反作用——管理层为了实现个人利益最大化会选择促成交易，很可能以低价出售企业。

因此，企业在设置"金色降落伞计划"时需要慎重确定激励对象、激励模式和激励金额，还要提前准备好防范机制。

1. "金色降落伞"的激励对象

激励对象不光要考虑公司董事、监事和高级管理人员，还不能遗忘那些在企业成长过程中作出过较大贡献的员工。

2. "金色降落伞"的激励形式

"金色降落伞"有现金激励形式，包括一次性的现金补偿和持续性的退休金补偿等；另外还有股权激励形式，包括对持有股权加速行权或解锁，以及额外的股权补偿。

3. "金色降落伞"的激励金额

国外企业在设定激励金额时,会参考激励对象离职前的工资金额。如美国《国内税收法案》就有这方面的规定,指出金额不能超过激励对象面临"突发事件"的前5年工资的平均值,如果超出限额,激励对象就要把超出部分的20%拿出来作为税款。当然,国内外企业的实际情况有很大不同,在确定激励金额时不妨参考行业均值,同时可以结合激励对象的在职时长、贡献大小等因素来综合判断。

"金色降落伞计划"还应当配置严格的限制条件,如因个人工作失误,致使企业蒙受巨大损失者,有违法犯罪行为者及违反公司章程被提前免除职务者等,都将丧失激励资格,这样就能防范很多可能出现的问题,也可以避免股东利益遭受损害。

六、设立"期权池",吸引未来和潜在的人才

为了企业的长远发展,创始人、投资人可以预留一定比例的股权不予分配,这部分股权主要用于未来的股权激励,所以被形象地称为"期权池"。

不同行业、不同公司对期权池的需求各不相同,所以没有统一的比例要求。一般来说,高新技术行业、互联网行业的期权池会比传统行业大一些,如美国硅谷的科技企业大多会预留全部股份的10%~20%作为期权池。一位斯坦福大学的教授曾经这样评论:"硅谷的公司与美国其他领域的公司有一个重要区别,那就是硅谷的科技公司几乎全都在向他们的普通员工发放具有实际意义的股权,通常以期权的形式居多。"

那么,国内的企业又是如何设立期权池的呢?让我们来看看这样一个实例。

> 阿里巴巴集团很早就制定了自己的股权激励制度，也预留了自己的期权池。接受了新一轮投资后，股权被稀释，也会从中划出一部分作为期权池，用于未来的员工激励。
>
> 随着阿里巴巴的飞速发展，越来越多的员工从中获益，他们每年可以得到至少一份受限制股份单位奖励，具体数量与担任的职位和所作的贡献直接挂钩。
>
> 员工入职满一年后可以行权，但实际上每一份受限制股份单位的发放是四年到位的，即每年发放25%。同时员工又会得到新的受限制股份单位奖励，所以，他们手中所持的受限制股份单位的数量呈滚动增加的趋势，并且其中总会有一部分尚未行权的期权。当员工离职的时候，已授予但尚未发放到位的股票期权就会重新回到期权池中。
>
> 期权池还成为阿里巴巴并购交易的支付手段，通常阿里巴巴在并购一家公司后，只会支付一部分现金（不会超过协议价的50%），剩余部分则以期权池中的受限制股份单位来支付，这部分股权激励主要是给并购公司的创始人或原始股东的。

从上面这个案例中我们可以发现，"期权池"至少能够起到以下几种作用。

（1）起到延期激励的效果。企业将给予激励对象的部分薪酬折算为股权，且长时间锁定，既能起到激励效果，又能够增加人员的退出成本，有助于减少短期行为，对企业的长期发展非常有利。

（2）吸引更多人才加盟。期权池中预留的股份对于新人来说也有较强的吸引力，可以让企业在激烈的人才竞争中拥有一定的优势。

（3）弥补企业现有激励机制的不足。企业的激励机制不应当是固定不变的，而是应当为人才的去留留有足够的余地，而"期权池"能够满足激励机制的动态变化需求，可以让企业较好地应对人员变动的问题。

因此，企业在设计完整的员工激励机制时，一定不能忽略期权池的设立。那么，在预留期权池时，企业应当注意哪些问题呢？

1. 解决好预留股权的归属问题

预留的股权可以放在大股东名下，由大股东代持，这样在日后有股权激励的需要时，可以非常方便地进行股权转让。

当然，为了公平起见，股权也可以由持股平台托管，或是在几名创始人之间平均分配、分别代持，不过前者有较高的成本，后者在股权转让时程序比较烦琐，都不如大股东代持的办法简单方便。

2. 弄清楚预留股权对应的资金来源问题

如果选择由大股东代持预留的股权，那么对应的资金就由大股东认缴；另外，也可以由几位创始人先认缴出资，等新员工进入后，股权转让到员工名下，员工就要负责补全这部分资金。

3. 想明白期权池的股权权利享有问题

对于期权池的股权权利问题，一般可以进行这样的分配：大股东享有表决权，其余创始人协商分配分红权，如果协商无法达成一致，也可以采取最简单的办法——利益均分，这样就可以尽可能地避免矛盾和争端。

需要注意的是，在预留期权池的同时，对于股权归属、认缴资金、权力分配的问题都应当清清楚楚地写入代持协议中，这样才能规避很多法律风险。

此外，如果出现了期权池预留股权过多或过少的问题，协议中也应当写清处理办法。比如，股权过少时，创始人应当按照什么比例进行转让；股权预留过多时，应当如何调整现有的激励机制等。只有事先规划好了这些问题，创始人才能真正做到"高枕无忧"。

七、用股权激励"绑定"上下游和企业重要利益相关者

提到股权激励,我们首先会想到对企业内部的管理层、员工进行激励,但这些只是狭义的股权激励对象。事实上,广义的激励对象还应当包括企业外部的对经营业绩和未来发展有重要影响的对象,如上下游企业及一些能够为公司提供资源或平台、助力公司发展壮大的利益相关者,都可以归入激励对象的范畴。

通过股权激励,公司可以和这些外部激励对象结成"利益共同体",携手应对瞬息万变的商业环境。

在激励上下游方面,泸州老窖股份有限公司(以下简称"泸州老窖")的很多做法值得深入研究。泸州老窖是国有大型骨干酿酒集团,在1994年上市前,该公司始终秉持产品思维,以优质的产品占领市场、求得生存和发展。

1994年上市后,泸州老窖的发展战略有所改变,从"抓产品"转向了"抓渠道",以促进品牌落地。为此,泸州老窖对下游的经销商实施了股权激励,而且激励方式不止一种。

最初泸州老窖采取"销量换股"的做法,也就是将经销商的采购量按照一定比例折算为期权授予他们,授予期3年。当时泸州老窖产品销量逐年上涨,股价长势喜人,自然会刺激经销商提升采购量,再想尽各种办法销售完产品、然后继续采购……有的经销商索性中止和其他品牌的合作,专门销售泸州老窖产品。由此可见,股权激励在调动他们的积极性方面,确实能够发挥不小的作用。

另一种形式是"定向增发",也就是根据经销商三年累计销售情况对其配置一定数量的股票。在2006年,泸州老窖就向8家经销商授予了股票,授予价格为12.2元/股,锁定期12个月,其中一家经销商山东国窖酒业销售有限公司认购了509.4万股。到2008年,泸州老窖股价已经疯涨

到76元/股，该经销商若选择卖出拥有的股票，获得的利润将超过3亿元，这样的激励效果自然会让其他经销商趋之若鹜。

借助股权激励，泸州老窖将下游供应商和重要利益相关者牢牢绑定，为产品快速推向市场、占据消费者心智提供了便利的条件。对于泸州老窖推出的高端品牌国窖1573来说，当产品价格处于358元/瓶的相对低位时，经销商预测产品在未来价格将会上涨，于是纷纷采购，果然产品在两年后就上涨到408元/瓶，这样经销商既能够享受到"销量换股"带来的期权，又能够获得产品价格上涨带来的差价收益。随着销售的持续放量，国窖1573的品牌知名度不断提升，成功实现了占领高端市场的目标。

泸州老窖将下游供应商纳入股权激励的对象范围，实现了企业和供应商的双赢。准备进行股权激励的企业，也可以参考这样的做法，将上游的产品、材料供应商和下游的经销商、分包单位及其他战略合作伙伴都"捆绑"在一起，形成一条强有力的产业链。

在激励上下游时，企业可以按照以下步骤去进行。

1. 合作前的沟通协商

首先，企业要将自己的目的坦诚地告知上下游企业，表达出合作的诚意；

其次，企业需要告知上下游企业现有的盈利模式、未来的发展规划等，最好能够彰显出超越同行的优势，才会更有说服力；

最后，企业要让上下游企业了解他们能够获得的回报、需要承担的责任及可能遭受的风险。有足够的回报，才能激发上下游企业参与的积极性。

2. 制订股权激励的方案

上下游企业的股权激励，同样要做好定人、定模式、定数量、定时间、定价格、定来源等工作。比如，打算对经销商进行股权激励，就要根据经销商的采购额、市场占有率、退货率、货款支付速度等指标进行考核，通过考核者可纳入股权激励对象中。至于经销商持股可选择在公司层面持股，也可以由公司与经销商共同设立合资公司，以其持有的合资公司的股份比例享受相应权利和承担相应责任。

总之，股权激励让企业和上下游企业之间从"互相博弈"的关系变成深度合作的关系，供应商会竭尽全力配合企业的生产工作，而经销商也会更加勤勉地打通渠道，帮助企业销售产品。这相当于为企业请来了强大的"外援"，能够助力企业更好、更快的发展。

第五章

定好模式：选择适合公司现状的一套"组合拳"

一、业绩股票：业绩才是激励的"王道"

明确了股权激励的目标、对象后，下一步就是围绕激励目的选择合适的激励模式，这也是整个股权激励方案中最重要的要素之一。

股权激励有很多种模式，下面介绍一种典型的模式——业绩股票。从20世纪90年代起，我国一些企业开始尝试应用这种激励模式，其中有高科技企业，也有不少非高科技企业。从地域分布上看，这些企业多分布在沿海发达地区。

在具体施行业绩股票激励时，公司可以先确定一个较为合理的年度业绩目标，再对激励对象进行考核，看其能否达到目标。如果成功达成，公司将对其直接授予股票，或是为其提供一定的奖励基金，用于购买公司股票。

如果激励对象想要兑现自己持有的股票，也需要满足一定的业绩考核要求，所以，业绩股票一般都有时间限制，比如会规定在一定年限内，激励对象通过了业绩考核，才能兑现规定数量的股票。如果激励对象没有通过业绩考核，或是做出了一些有损公司利益的行为，或是发生了非正常离职，未能兑现的业绩股票将被取消。

创建于1991年的天津天大天财股份有限公司（以下简称"天大天财"）主要从事计算机应用服务。为了激励公司管理层、技术人才和其他优秀员工，该公司从每年税后利润中拿出8%作为激励基金，至于激励模式则选择业绩股票。

为此，公司完善了包括绩效考核、内部审计在内的相关配套制度，每年至少举行两次业绩评估活动，考核对象上至公司高管，下至普通员工，根据业绩评估结果进行奖惩激励。为了确保激励措施能够更好地落实，公司不断优化调整组织结构模式，提升管理效能。

因相关措施到位，天大天财的股权激励推行得非常顺利，也成功聚拢和留住了不少优秀人才，为公司长期发展提供了不竭的动力。再加上该公司牢牢抓住信息产业发展的契机，发展极为迅速，业绩逐年大幅增长，公司不断发展壮大，业绩股票的激励对象也从中获得了丰厚的收益，实现了公司和个人的"双赢"。

天大天财的股权激励实践彰显了业绩股票模式的优势，具体如下：

（1）激励对象会努力完成预定的业绩目标，而他们在获得业绩股票后，又将成为公司股东，和公司成为利益共同体，因此，会更加尽力地提升公司业绩，从而形成一种良性的循环。

（2）业绩股票既符合国际惯例，又不违背法律、法规的规定，受到的政策限制也少，是一种规范的激励模式，股东大会也容易接受和通过，程序简便，容易操作。如天大天财这样的高科技上市公司就会倾向于选择这种模式，可以避免股票期权在应用中受到的政策和法律限制。

（3）激励对象在职期间，持有的业绩股票不能随意转让，而且激励对象无法通过年度考核的话，业绩股票还将被取消，这就对激励对象形成了较强的约束作用。

需要注意的是，业绩股票模式在实操中只对公司的业绩目标进行考核，不考虑股价涨跌等因素，因此，比较适合业绩稳定型的公司。

企业在进行激励方案的设计时，不宜将激励范围定得太大，以免激励成本上升，会加大公司现金流压力，同时也会影响其他股东的收益；但激励范围和激励力度是不是越小越好呢？当然也不是，因为这样只会削弱激励效果，达不到激励的目的。因此，适合做业绩股票激励的公司还要综合考虑多种因素，以求得激励效果和激励成本的平衡。

二、股票期权：将公司价值与雇员利益直接挂钩

在股权激励的众多模式中，股票期权应用非常广泛。早在20世纪

80年代，这种模式就在美国企业中蔚然成风，在提升公司业绩、聚拢人力资源等方面都发挥了积极的作用，甚至被称为美国经济发展的"发动机"。20世纪90年代，我国开始引入这种激励模式。

从本质上讲，股票期权不是将现金或股票授予激励对象，而是将一种权利赋予激励对象，即以比较优惠的条件在某个时期购买一定数量的公司股票的权利。只要在可行权期内，激励对象就可以自由选择买或不买公司股票，这一点公司是不能干涉的。当然，激励对象可以在一定时期后出售自己行权所得的股票，但如果选择放弃购买，这种权利本身是不能转让的。

股票期权将公司股票的价值和激励对象的利益紧密地联系在一起：激励对象的努力付出使公司基本面向好，价值提升，发展前景得到业内和股东的认可，股票价格自然水涨船高，此时激励对象便可以选择履行期权，获得股票市价和行权价之间的差额收益。因此，为了更好地实现自身利益，激励对象就会进行自我激励，同时会主动约束自己，不去做不利于公司发展的行为。

中兴通讯股份有限公司（以下简称"中兴通讯"）是国内首屈一指的通讯巨头企业，其产品更新速度快、技术含量高，获得了国内外市场的认可。投资者对公司前景充满信心，股票价格总体处于上升趋势，市值不断增加。

公司的高速发展离不开高素质、高学历人才的贡献，为了吸引、留住宝贵的人才，中兴通讯曾四次实施股权激励。第一次股权激励采用限制性股票模式，对3 400多名人才进行了激励，由此构建起长期激励机制，也在一定程度上刺激了公司业绩的增长。然而，由于管理层的一些错误决策，再加之行业整体陷入疲软状态，公司出现了巨额亏损，股权激励方案不得不进行调整。

2012年和2017年，公司又进行了两次股权激励，采用的激励方式都是股票期权，目的是将人才的收益与公司长期利益捆绑在一起，以维持团队稳定、业务骨干不会轻易流失，同时能够逆转颓势，提高业绩，推动公司稳定、健康的成长。这两次股权激励符合公司的发展趋势，激励对象设置合理，成功地吸引和稳定住了精英人才，也激发了员工的工作积极性，增强了公司在业内的竞争力。

2020年，公司进行了第四次股权激励，同样采用股票期权激励模式，激励对象超过6 100人，比之前几次股权激励的覆盖范围更广，这说明更多的人才能够与企业同享利益。并且这次激励明显向核心员工倾斜（99.15%的份额被分配给核心员工），可以激发出他们更大的工作热情；而股权激励价格也高于历年价格，充分彰显了公司对自身业绩和行业景气程度的强烈信心。

另外，这次授予激励对象的股票期权有效期为四年，从授权日开始计算，经过一年的"等待期"，在此后的三个行权期中，只要满足行权条件（行权条件与公司净利润挂钩），激励对象就可以将三分之一的期权行权。这样就会让核心员工更加重视公司的长远发展，会努力为公司多做贡献，自己也可从中取得丰厚的回报。

中兴通讯选择股票期权激励，也是因为看重这种激励模式具备的各种优势。

（1）与虚拟股票、股票增值权等激励模式相比，股票期权的激励效果更加持久。按照规定，股票期权的授权日与首次可行权日之间的间隔不能少于一年，分期行权每期间隔时间也不能少于一年，而且可行权的股票期权不能超过总额的50%，这些规定都能让激励对象更加关注长远利益。

（2）股票期权激励不会额外增加企业的现金压力。因为采用这种激励模式后，公司无须向激励对象交付现金，反而可以在激励对象购买公司股票时获得一定的价款，因此，能够少许缓解公司的现金流压力。所以，初创企业或现金流吃紧的企业都很适合采用股票期权激励。

（3）股票期权激励能够帮激励对象控制或减免风险。股票期权的行权可以选择现金形式或非现金形式，在现金形式下，激励对象需要付出现金购买公司股票；在非现金形式下，激励对象选择以部分股票期权的行权收益来冲抵行权费用。无论是哪一种形式，激励对象获得公司股票的成本就是比较低的，而在市场不景气、公司股票价格持续走低时，激励对象完全可以先放弃行权，也就不会让自己面临损失。

但是，股票期权激励也有一定的缺陷。如激励对象选择放弃行权的同时，也说明自己暂时无法获得激励收益，这必然会影响激励效果，所以，在公司股票价格持续走低时，采用股票期权能够产生的激励效果微乎其微。

还有一种情况是公司经营状况良好，但由于股票市场存在不确定性，导致股票的市场价格与真实价值相背离，此时进行股票期权激励也无法达到预期目的。所以，公司在设计激励方案时，应当充分考虑这些情况，做好必要的措施以保障激励对象的权益，让激励能够落到实处。

三、虚拟股票：物质激励与精神激励并重

虚拟股票，顾名思义，公司授予激励对象的不是实股，而是一种"虚拟"的股票。激励对象不需要去认购公司的股票，但是享有虚拟股的分红权和股价提升带来的那部分收益。公司在兑付收益时，可以给付现金，也可以支付等值的股票，或是将两种方式相结合。

和实股不同的是，虚拟股不能让激励对象获得表决权、分配权，也不能转让或出售，一旦激励对象离开公司，虚拟股就会自动失效。

由此可见，虚拟股票更像是一种未来分红权的"凭证"，它既可看作是物质奖励，能够让激励对象享受一部分公司利润；又能够产生精神激励的作用，可以让激励对象感受到公司对自己的重视和肯定，有助于提升荣誉感、工作积极性，改善工作表现。

上海贝岭股份有限公司（以下简称"上海贝岭"）是国内集成电路领域的骨干企业之一。在20世纪90年代末，该公司面临着发展壮大的难题，其中尤以人才流失问题最为严峻。由于所属行业的特殊性，相关人才本已比较稀缺，一些竞争对手又采取了颇具吸引力的激励措施，对公司造成了极大的压力。

为此，该公司打破了"基本工资+奖金"的激励机制，开始试行股权激励。其中激励对象主要分为两种类型，分别适用于不同的股权激励方案。比如，对公司的高级管理人员授予股票期权，对技术人才授予虚拟股票。之所以会做出这样的安排，是因为当时用于股票期权的激励性股票来源问题不易解决。如果对技术人才和其他优秀员工也采用股票期权的激励模式，可能会影响公司所有权和控制权，对后续融资也不利。因此，公司对技术骨干、一般管理人员实施了虚拟股票计划。

公司每年会从税后利润中提取一定数额，作为"奖励基金"，再从其中拿出一部分作为虚拟股票的奖励，然后确定虚拟股票的内部市场价格和发放的总股数。之后对激励对象授予虚拟股票（数量与激励对象的综合考核结果、工资系数等多种因素有关）。在激励对象持有虚拟股票期间，若公司实施送配股或分红，激励对象将同步增加股数或获得相应现金。经过一定年限后，激励对象可以将持有的虚拟股票分阶段兑现为现金。

上海贝岭的这种虚拟股票并不涉及真正的股票买卖，但却能够将公司业绩与激励对象的实际利益直接挂钩，因此，能够产生明确的激励作用。

与其他激励模式相比，虚拟股票的优点表现在以下几个方面。

（1）虚拟股票并非真实的股票或股份，它把股票的所有权、分红权、表决权、转让权等分离开来，不会影响公司的股本结构，也不会动摇所有者的控制权，有助于避免恶意收购行为。

（2）虚拟股票的激励范围更广，支付方式也更加灵活，并且不受相关法律、法规限制，只要公司内部通过即可实行，操作也比较简便，公司不必扩充股本发行实际股票，也不需要回购股份来保证激励计划的实施。它不仅适用于上市公司，也适用于非上市公司。

（3）对于激励对象来说，这是公司的一种"纯奖励"模式，无须为此支付资金，所以，激励对象的接受度也更高。

（4）激励效果比较持久，只要企业不断盈利，激励对象就能获得更多的分红收益，即使股票市场的不确定因素导致公司股票价格出现异常下跌，对激励对象也不会构成太大影响。

虚拟股票激励的缺点是：一方面，体现在对公司现金流的影响上。因为激励对象的分红意愿比较强烈，可能需要公司在短时间内支付大量现金。所以，这种激励模式更适用于现金流充沛的企业；另一方面，由于激励对象在获得虚拟股票后，实际并未承担股票所有者的所有义务，受到的约束比股票期权等激励模式要小。哪怕激励对象出现了决策失误或短期行为，也缺少相应的惩罚机制。

因此，在实施虚拟股票激励计划时，企业应当制定科学的授予条件，明确权利与义务，增强对激励对象的约束，才有助于减轻决策风险。

四、股票增值权：通过股票增值获利

从本质上看，股票增值权也是公司授予激励对象的一种权利，公司股价上升，激励对象可以通过行权获得升值收益的权利。

股票增值权是以公司虚拟股票为标的物的，激励对象并不实际拥有股票，也不具有表决权，这一点和增值型虚拟股票激励有类似之处。但激励对象从股票增值权获得的收益仅限于行权价格与授予价格的价差，而虚拟股票的收益还包含分红收益。

实践中，采用股票增值权进行激励的公司并不多。无论是上市公司还是新三板挂牌企业都很少采取增值权作为激励方式，出现这种情况，是由于增值权激励的实质与奖金、福利相同，应当合法缴纳个人所得税。如果公司经过多轮融资或完成上市，估值大幅提升，激励对象需要承担较高的税负成本，公司的财务成本也会水涨船高，这也是使用这种激励模式无法回避的问题。

2020年仅有一家上市公司采用了这种激励模式，该公司就是中微半导体设备（上海）股份有限公司（以下简称"中微公司"）。

中微公司是一家具有自主研发功能的科研企业，主要是为集成电路、泛半导体行业提供高端设备，在全球范围内拥有1 000多项专利。近年来，公司面临着日益激烈的市场竞争，想要求得企业持续、健康、稳定的发展，不仅要确保现有团队的稳定，还要吸引优秀的专业技术人才源源不断地加入。

为此，中微公司推行了一系列的股权激励方案。2020年，中微公司采用股票增值权激励模式，向激励对象（共6人，包括公司董事、高级管理人员）授予54.68万份股票增值权，有效期为60个月。自授予完成日开始计算，经过12个月的等待期后，激励对象可以在未来的48个月内，分四期行权，行权价格为150元/股。

按照股权激励方案的规定，激励对象行权既需要满足公司层面的业绩考核要求，又要满足个人层面的绩效考核要求。比如激励对象的绩效考核结果按照目标管理（MBO）被划分为五个档次，各档实际行权的股份数量不同，最低的一档不能行权；第四档行权比例为70%；第三档行权比例为

80%；第二档行权比例为90%；第一档行权比例为100%。

具体计算实际行权数量时，要将计划行权的数量与公司层面的行权比例和个人层面的行权比例相乘，才能得到最后的结果。如果激励对象因为个人原因不能行权或不能完全行权，当期计划行权的股票增值权作废处理。

中微公司选择股票增值权激励模式，主要是因为考虑这种模式具备的优点。

（1）授予激励对象股票增值权，并不会影响公司总资本和所有权结构，也不涉及股票来源问题，操作条件相对宽松，容易通过股东大会的审核；

（2）股票增值权只能在约定的时间，在达成既定目标的基础上才能行权，这不但能够起到较好的激励效果，而且有利于规避激励对象的短期行为；

（3）股票增值权无须激励对象出资购买，激励对象的接受度较高；另外，如果股价走低，甚至低于行权价格，激励对象可以放弃行权，这样也能起到规避风险的作用。

当然，股价下跌，激励对象放弃行权，股票增值权也就起不到激励作用了。这个问题企业需要提前考虑好，并可以搭配其他股权激励模式。此外，激励对象行权，可能会给企业带来较大的现金支付压力，也会减少企业当期的净利润数额。如果是上市公司的话，对市值影响较大，所以，这种激励模式更适用于现金流充裕且股价稳定的上市公司。

而对非上市公司来说，采用股票增值权进行激励，有一个突出的难点是不好确定"公允的价格"。因此，非上市公司需要先明确股权定价的方式，比如可以按照每股净资产确定价格，或是按照约定自行定义价格，只要定价合理，激励对象能够通过"股票价格"增长获得收益，就能起到不错的激励效果。

五、限制性股票：自带"解锁条件"

限制性股票，通俗地讲，就是公司以低于市价的价格授予激励对象（一般是高管、核心技术人才）一部分公司股票，但是为了避免激励对象一拿到股票就离职，或是直接将股票售出以赚取差价，公司会在这些股票上增加一些限制条件（解锁条件）。

这些条件首先体现在时间上，也就是股票有限售期，到期之前不得在市场上交易；其次体现在业绩上，即公司和个人必须达到约定的业绩条件，才能解除限制，否则这些股票既不能出售，也不得转让给他人，更不能用来做担保，或是用来偿还个人的债务。但一旦达成了时间和业绩的限制条件，激励对象就可以分期处置股票。

但是，这样就会产生新的问题，如限制性股票的价格虽然低于市价，但激励对象毕竟需要出资，可要是一直不能满足解锁要求，不就达不到激励的目的了吗？其实股权激励方案中对此也有解决办法，那就是事先做好约定，如果激励对象达不到解锁条件，如中途离职，或是业绩一直不能达标，公司承诺按照激励对象的出价回购股票，由此可免除激励对象的后顾之忧，同时也能够产生有效的激励作用，可以促使激励对象努力工作，以尽快实现解锁的目标。

正是因为限制性股票既能达到激励的目的，又能起到约束的作用，还可以有效促进企业价值的增长，所以，众多上市公司、非上市公司都非常青睐这种股权激励模式。但是，非上市公司的限制性股票激励可以不限于对股权转让的限制，还可以对表决权、盈余分配权等进行限制，这也让非上市公司的限制性股票激励显得更加丰富。

近年来，国内白酒企业纷纷加入股权激励的行列，希望通过股权激励激发员工的工作热情，推动公司业绩增长。这其中尤以山西杏花村汾酒厂股份有限公司（以下简称"山西汾酒"）的限制性股票激励最为抢眼。

2019年3月，山西汾酒向395名激励对象（包括公司高管、中层管理人员、技术人员、业务骨干等）授予限制性股票568万股，授予价格为19.28元/股，此时公司股票的市场价格已达到60元/股，巨大的价差对员工产生了很大的吸引力。

但是，激励对象不能立刻获得这笔丰厚的收益，因为限制性股票附带了比较严苛的解锁条件——从完成登记之日起计算，经过24个月，才能分三期解除限售，每期解锁比例分别为40%、30%、30%。这还只是计划解锁数量，实际解锁数量还要和激励对象个人的绩效考核结果挂钩，获评"优秀"者当期解锁比例全部解锁，"称职者"只能解锁80%，"待改进者"不能解锁。

至于三个解除限售期也有各自的业绩考核目标，如从公司层面看，2019—2021这三年相比，2017年的营收增长率不能低于90%、120%、150%，且三年净资产收益率不能低于22%；从个人层面看，公司对标同行业20家有代表性的上市公司，设置了比较完善的绩效考核体系。

虽然这些解锁条件看似难以达成，但激励对象还是充满了信心，为公司的发展付出了最大的努力。同时，公司营收、净利润均实现了快速增长，也顺利突破了解除限售期公司层面的解锁条件。到2021年4月，395名激励对象中，只有两人没有达到个人业绩考核目标。此时，公司股价已高达248.43元，说明激励对象收到了来自公司的一份"大红包"。这样的回报无疑会带给员工更大的信心，也会充分激活公司的活力，带动业绩、市值进一步快速增长。

山西汾酒成功实施股权激励的案例，体现了限制性股票的优越性：虽然公司授予激励对象的是股票，但只有达成条件才算是真正的授予，这有助于控制公司释放股票的风险，还能为公司节省不少激励成本。

下面我们再来分析一下牧原股份的限制性股票激励计划。

2022年初，牧原食品股份有限公司（以下简称"牧原股份"）公布了限制性股票激励计划草案，拟向6 093名激励对象（包括公司董事、中高层管理人员、核心技术和业务人员及董事会认为需要激励的相关员工）授予限制性股票8 108.07万股，首次授予6 486.45万股，预留1 621.62万股。授予价格为30.52元/股，仅为当时最新股价的二分之一。也就是说，满足授予条件后，激励对象可以30.52元的价格购买公司的股票。股票来源为该公司向激励对象定向发行的公司A股普通股股票。

本次激励授予的限制性股票解除限售需要满足公司层面和个人层面的业绩考核要求，从公司层面来看，以2021年生猪销售量为基数，2022—2023年的两个会计年度的生猪销售量增长率分别不低于25%和40%。另外，个人层面也有相应的综合考评，将根据具体的考核结果确定解除限售的比例。

业内人士认为，想要达成这样的考核标准基本没有什么难度，而且以半价授予高管和核心员工股票，也有过于明显的奖励意图。可事实上，该公司之所以进行如此大手笔的股权激励，也是因为生猪养殖行业正处于低迷状态，各大上市企业均告亏损。该公司被称为"行业一哥"，虽然仍然保持盈利，但净利润大幅缩减，与2020年相比，同比下降了70.86%～76.32%。

在行业不景气的情况下，该公司实施了如此"慷慨"的股权激励，能够极大地提振员工的信心，使他们能够继续保持高涨的士气和工作积极性，与公司一起共同度过行业周期。

对激励对象来说，限制性股票比股票期权的"确定性"更强，因为激励对象可以先行获得公司股票，只不过股票对应的部分权利被暂时"锁定"，但这并不影响激励对象享有股东权利，这样就能使个人利益与股东利益紧密相连。不仅如此，限制性股票的授予价格最低可以达到公司股票交易均价的50%，这无疑提升了激励空间，极大地刺激了激励对象的购买积极性。

值得一提的是，为响应创业板注册制改革，第二类限制性股票应运而生。不同于第一类限制性股票，第二类限制性股票在授予日不必出资，只有在满足获利条件后，激励对象才进行出资并登记，其后只要激励对象任职满12个月，就可以不再设置限售期。所以，第二类限制性股票既能让激励对象享受股价差额收益，又能享受股票期权"行权时才出资"的便利，深受激励对象的欢迎，如今也成为创业板及科创板企业实施股权激励的首选。

六、期股：部分首付，分期还款

"期股"和"期权"虽然只有一字之差，但实质上却有很大的区别。

简单地说，期股带有一定的强制性，激励对象如果选择接受期股，就意味着必须购买一定的公司股份，但可以选择以"贷款"的形式购买。之后激励对象享有这些股份对应的表决权、分红权，但暂时不能拿走分红。分红可以用于分期还款，如果在既定的时间内还清了全部贷款，激励对象就可以实际拥有股份的所有权，并开始享受分红。从这一点来看，"期股"和"期房"的概念非常类似，都有"部分首付、分期还款"的特征，能够解决激励对象手头资金不足的问题。

而期权则给了激励对象更大的自由——激励对象获得的是未来的购买权利，他可以选择出资或不出资，如果股价下跌，激励对象只要放弃行权，就不会给自己造成损失。但期股激励却不同，因为激励对象预先购买了股份，一旦企业经营不善，股价大幅下跌，激励对象就需要承担相应的贬值损失。

期股这种激励模式发端于20世纪70年代的美国，此后西方发达国家的众多上市公司纷纷引入，对企业的发展起到了一定的促进作用。我国最早引入这种模式的企业是万科集团，之后一线城市的一些企业也开始尝试应用。如今部分国有企业为了解决高级管理人员、技术骨干激励不足的问题，也将目标指向了期股激励模式。

期股激励模式的优点主要表现在以下几个方面。

（1）因为股票收益是在中长期兑现的，可以有效地减少员工的短期行为，也能让企业高管和核心技术人才获得长远的经济保障，可以减少他们的后顾之忧，让他们安心投身于眼前的工作任务。

（2）期股的收益与公司股票价值息息相关，公司发展良好、资产增值、效益提高、股价年年攀升，激励对象才能从期股中获得更多的收益，所以，激励对象会摆脱消极的"打工心态"，展现工作积极性，有助于推动企业的长远发展。

（3）很多企业会采取"年薪制+期股"的激励模式，激励力度更大，而且不会对企业额外构成现金压力。期股带来的利益具有渐进化、分散化的特点，激励对象与其他员工的收入不会有太大的差距，有利于减少不必要的矛盾，能够维持团队的稳定。

国有企业看重期股激励模式也是有原因的。很多国有企业实际工资水平较低，优秀的管理人员、技术人员、业务骨干的总体收入水平并不高，如果采用其他激励模式如限制性股票，激励对象很可能拿不出这么多资金，或是心存顾虑，不愿意出资购买，而期股不需要他们一次性支付太多的资金就能在未来获得股份和收益，他们自然更愿意接受。

七、延期支付：有偿售予，延期方法

延期支付计划最初源于美国的退休养老计划，现在已成为国内一些企业进行股权激励时会选择的模式，而这种模式一般只对管理层实施。

如果管理人员加入了该计划，公司会为其制定风险收入指标（一般会超出业绩目标），如果管理人员的业绩达到这个风险收入指标，就能够获得年度奖金、股权激励收入等。但是这笔收入不会即刻发放，而是按照公司股票市价折算为一定数量的股票，再存入相应的延期支付账户。等到了约定的期限，或是该管理人员退休后再进行支付，支付方式有股票形式，也有现金形式。

> 近两年，商业银行高管离职现象并不少见，这与银行中长期激励手段不足有很大的关系。长期以来，在银行业中，以货币为主的短期激励占据主导地位，股权激励等中长期激励工具应用不足。由此会造成很多不良后果，一方面，由于缺少足够的激励机制，高管很难尽心尽力为工作打拼；另一方面，缺少足够的约束机制，高管在任期内容易因为短期业绩做出不顾风险的行为。
>
> 在这种情况下，商业银行纷纷推出延期支付计划。如中信银行从2014年开始针对高管实行"5113"延期支付方案，根据该方案，高管在当年只能获得业绩奖金的50%，到第二年可以获得10%，第三年同样获得10%，第四年才能获得剩余的30%。中信银行2014年的年报显示，当年高级管理人员延期支付薪酬达到126.99万元，职工监事延期支付薪酬也达到69.81万元。
>
> 无独有偶，平安银行、民生银行、兴业银行、华夏银行也先后推出了延期支付计划，其中平安银行对高管的延期支付期限为三年；民生银行对执行董事、监事长、高管实行延期支付，这些人员在任期结束后，按履历情况分三年获得该笔金额，如果在规定期限内出现职责内的风险损失，民

生银行不但有权停止支付,而且有权追讨已支付的金额。

而兴业银行则将延期支付的金额称为"年度风险基金",还制定了高管风险基金考核发放办法,对该笔"基金"延后三年考核发放;华夏银行则采用"风险抵押金"的说法,其实质与延期支付计划相同。

商业银行普遍选用延期支付计划,是因为这种模式的约束性较强。

首先,延期支付计划的"捆绑"期限较长,可以设置在高管任期结束后才支付,美国的一些企业更是设置为高管退休后才支付,这样能够有效预防高管的短期行为。

其次,延期支付计划还会设置一些"追回条件",如高管在任内盲目追逐短期利益,导致企业遭受损失,已支付的金额可以追回,未支付的金额也可以停止支付,这就能够有效地约束高管,避免他们做出过度冒险的行为。

最后,延期支付将公司股价和高管个人利益牢牢绑定,高管们必须努力约束自己,认真工作、避免做出有损公司利益的行为,以便不断提升公司业绩,防止股价下跌,才能确保自己的利益不发生损失。但要是采取股票期权模式进行激励,如果公司股价下跌,高管们完全可以选择放弃行权,就能保证自己的利益不遭受损失,所以,延期支付的约束性要强于股票期权。

延期支付除了约束力度较大外,还有一定的减税作用。延期支付的"风险收入"仍然属于劳动报酬的一部分,而这部分报酬在未来能够以股票的形式获得,这就可以为高管们减少一部分税负。

当然,在实际操作中,延期支付也有一定的缺点,那就是收益要分批次延期发放,会让高管们认为激励力度太弱。而且延期支付的金额也有不确定性,如果支付时公司股票价格较低,高管又无法选择不行权,就会让他们的收益受到影响,可能会引起他们的不满。

因此，延期支付计划更加适合业绩稳定、股价总体处于上升状态的企业。企业在应用延期支付计划的同时，可以结合其他股权激励模式，这样激励和约束的效果会更加理想。

八、管理层员工收购：成为公司股东，共担风险利益

管理层员工收购，即公司管理层或员工出资认购公司股份，成为公司股东，与其他股东共担风险、共享利益。

早在 20 世纪 30 年代，美国学者曾提出过具有开创性的观点："随着企业生产规模的不断扩大，行业的集中度越高，公司股权的分散趋势越明显。几乎没有控制权的财富所有权与几乎没有所有权的财富控制权，似乎是公司制度发展的必然……"他们的预见很快就成为现实，企业所有权和经营权的分离成为现代企业的重要标志，股东不必亲自管理企业，而是将管理工作交给拥有专业知识和技能的经理人，这样才能让企业资源和经营管理人员达到最优的组合，发挥出最大的效益，产生最为可观的利润。

然而，经营权和所有权的分离容易产生"代理成本"的问题。这是因为经理层不能百分之百享有公司的剩余利益，而他们又比股东掌握着更多的生产经营信息，为了追求个人利益最大化，有可能做出一些对企业发展无益甚至是有害的事情。为避免这样的问题，企业会构建严密的契约关系，对经理层进行严格监督，但这实际上会损害经理层的积极性。在这种情况下，一种叫作"管理层收购"的做法应运而生。

20 世纪七八十年代，管理层收购在欧美国家比较流行，通过收购，企业的经理层由经营者变成了所有者，有利于降低因所有权与经营权分离而产生的"代理成本"，并且能够对经理层起到较强的激励作用，促使他们为了自身利益努力工作。管理层收购还能改善企业经营状况，有助于企

业的健康发展。不过它在施行时有一定的要求，如要求企业有稳定的现金流、较强的生产能力、较低的负债水平、较大的发展空间等。再如，要求激励对象有较长的工作年限、丰富的管理经验等。

在国内，收购的主体除了管理人员外，还可以包括普通职工，所以，管理层收购常常转变为管理层职工收购，能够实现利益主体多元化，还能够加强企业内部的监督机制。

四通集团公司是一家老牌民营科技企业，成立于1986年，其主打产品四通打字机在几年内便闻名全国。然而，随着企业规模逐年扩大，产权不清的问题却越来越严重，成为制约企业继续发展的一道桎梏。为了明晰产权、规范管理，也为了解决内部激励不足、分配不均的问题，四通集团准备实施管理层收购，但基于企业现状，四通集团决定将所有员工都纳入其中，共同参与融资收购。

1999年，四通集团宣布通过经理层和员工出资成立公司，收购原四通集团的资产。在此之前，四通集团已经进行了重组改制，又成立了职工持股会和北京四通投资有限公司（新四通），其中职工持股会的616名员工共同出资5 100万元（总裁和董事长各占7%以上，新老核心员工合占50%以上，其余为一般员工出资），新四通投资4 900万元，按照计划逐步购买原四通集团的各项业务，完成产权和业务重组。

这次收购涉及各方利益，平衡起来殊为不易，但是因为它建立在一个全新的平台上，产权关系清楚，利益分配公平，管理层和普通职工对此都能够接受，所以进行得非常顺利。收购完成后，参与收购的管理层和员工意识到自己的身份发生了根本转变，对待工作的态度与之前大不相同，企业的凝聚力也大大增强。

尽管如今的四通集团因产业替代等原因已经悄然衰落，但当年的"管理层收购方案"至今仍被视为我国管理层收购的经典案例。而这次收购实际上应当属于管理层职工收购的范畴，因为它不仅是管理层收购，还包括员工收购。这种形式起到了"做大蛋糕"的目的，使员工也能够获得高额回报，还能让他们有机会参与公司的重大经营决策，因此，更能调动员工的积极性，能够增强他们的使命感和责任感，并有助于改进企业治理结构，提升经营管理效率。

九、员工持股计划：充分调动员工积极性

员工持股计划与股权激励同为中长期激励模式，通过让员工持股，使员工完成身份的转换，享有企业所有权，获得经营收益，从而能够最大化员工的"主人翁感"。

20世纪50年代，员工持股计划在美国悄然兴起，随后在欧美发达国家广为流行，它不但能够起到吸引、保留、激励人才的作用，而且能改进公司治理结构、提升经营效率，并可以降低公司被恶意收购的风险。美国学者曾研究过员工持股计划对公司业绩的影响，其调查样本包括380多家不同行业的公司，通过对比这些公司应用员工持股计划前和应用员工持股计划后的财务绩效，得出结论：引进员工持股计划后，企业的资产收益率每年平均比同行高出约2.7%，而股东四年累计收益的数值比同行高6.9%左右。

进入20世纪80年代，我国一些企业也开始尝试应用员工持股计划，最初在实践中遇到了不少问题。但随着研究的深入，员工持股计划的优越性得到了充分的肯定，实行员工持股计划的上市公司也越来越多。一项数据显示，仅2022年前4个月，就有超过80家上市公司发布了自己的员工持股计划，其中一些公司的员工持股计划筹集资金规模在10亿元以上。

恒力石化股份有限公司（以下简称"恒力石化"）在2022年3月初对外披露了一期员工持股计划的公告，该公告中称："员工持股计划通过专项金融产品取得并持有公司股票，专项金融产品资金总额上限为73.8亿元，其中员工持股计划的资金总额上限为36.9亿元。"

这次员工持股计划不仅涉及公司高管，还覆盖了普通员工，其中董事、监事及高级管理人员不超过8人，参加认购的员工总数不超过1.1万人。该公告还指出，此次员工持股计划的推出基于"对公司未来持续稳定发展的信心"，通过员工持股，能够有效地调动全体员工的工作积极性和创造性，使员工更加关注公司的长远发展，并能将自身价值的实现与企业健康、稳定的成长联系在一起。

与恒力石化相比，比亚迪股份有限公司（以下简称"比亚迪"）的员工持股计划更显"大手笔"。

2022年4月下旬，比亚迪公开宣布，准备斥资18亿～18.5亿元回购公司股票，全部用于员工持股计划。让外界震惊的是，比亚迪制定的受让价是0元/股，也就是说，参与对象无须自行出资，就能持有股票。

如果按照总金额18万元、参与人数1.2万人来计算，这就相当于每位参与对象能够免费获得价值近15万元的公司股票。在这些参与对象中，高级管理人员、职工监事合计分配份额只占7%，其余93%分配给来自技术、运营、营销、综合等岗位的核心员工，激励范围颇广。

这些员工只要达成了公司层面和个人层面的业绩考核目标，即可解锁股票，其中个人考核分为五个等级，前三等的解锁比例都是100%，第四等"待改进"的解锁比例为80%，只有最后一等"不胜任"才不能解锁股票。公司层面的考核以前一年的营业收入为基数，连续三年，当年营业收入增长率分别不低于上一年的30%、20%、20%即为达标。第一个解锁期解锁员工持股计划受让标的股票的30%，第二个解锁期也是30%，第三个解锁期解锁40%。由于近几年新能源汽车行业发展势头迅猛，比亚迪跟随行业趋势进行调整，生产的新产品供不应求，公司营收增速明显，想要达到这些考核目标并不是难事。

比亚迪推出的员工持股计划可谓非常"慷慨"，而这也是为适应企业快速发展的需要。目前"新能源热"一再升温，汽车企业对于人才的争抢也进入了白热化阶段，对人才开出富有吸引力的高薪，再借助员工持股计划对其进行中长期激励，能将优秀的人才纳入麾下，充分提升了企业在人才、技术方面的竞争力。

从多家企业实行的员工持股计划，不难看出这种激励模式具有以下明显的特点。

（1）与股权激励相比，员工持股计划的参与对象范围更广，《上市公司员工持股计划试点指导意见》在这方面没有进行过多限制，只规定参加对象为本公司员工，包括管理层员工在内。这就给了上市公司更多的自由，在具体实施时可以自行设置门槛条件和参与人数上限，灵活性较高。

（2）员工持股计划的股票来源也比股权激励要多，常见的有回购股票、二级市场购买、认购非公开发行股票、股东自愿赠予等。上市公司可以根据企业的现实情况、程序的复杂程度、操作的简便程度选择适合的股票来源。

（3）员工可以选择自筹资金、股东借款、银行融资，以及从公司净利润中提取的"奖励基金"等方式获取股票。在实践中发现，员工自筹的比例是最高的。

（4）员工并不是直接持有股份，而是通过员工持股计划间接持股。

（5）员工有权参与经营决策，但不是直接参加股东大会去行使自己的股东权利，而是通过选出的代表参加股东大会。

在具体实行时，上市公司首先要设立员工持股会，界定员工持股会的职权；之后需要对员工持股计划进行可行性研究，而且由于员工持股会造成所有权变化，所以，还要对企业进行全面、公正的价值评估，才能更好地保障各方利益。在此过程中企业还可以聘请专家、顾问参与制订计划，包括确定持股员工的范围、数量、持股总量、股票分配、资金筹集、股票托管等细节。与此同时，还要制订详细的计划实施程序，准备好审批材料，才能让计划得以顺利实施。

需要注意的是，员工持股计划激励范围很广，这一点将会成为一柄"双刃剑"，好处是能够解决高层管理人员与普通员工之间利益不均衡的问题，坏处是分摊到每个人身上的收益可能不多，会表现出一种"平均化""福利化"的倾向，导致激励力度稍显不足，有时还会损害股东的权益。所以，公司管理层一定要在"激励"和"公平"之间找到一个最佳的平衡点，要注意设置好明确的业绩指标，对贡献多的员工进行激励，才不会让员工持股计划成为"人人有份"的公司福利。

另外，员工持股计划也要符合公司的实际情况、现阶段战略发展目标和人员特点，如知识密集型企业的员工具有不可替代性，推动员工持股计划引人、留人是很有必要的，而在劳动密集型企业，由于员工流动性大，可替代性高，应慎用员工持股计划。

第六章

定好数量、价格：激励不足或激励过量都是错

一、定好总量：解决股东与激励对象之间的公平性问题

在解决了股权激励"定模式"的问题后，下一步需要对激励"总量"和"个量"进行相应的设计，也就是要解决"定数量"的问题。

关于"定总量"的问题，即企业准备用于股权激励的股份占总股本的比例是多少。根据《上市公司股权激励管理办法》第十四条第二款规定："上市公司全部在有效期内的股权激励计划所涉及的标的股票总数累计不得超过公司股本总额的10%。"此处提到的"股本总额"即股东大会批准最近一次股权激励计划时公司已发行的股本总额。另外，上市公司全部在有效期内的股权激励计划所涉及的标的股票总数，累计不得超过公司股本总额的20%。

非上市公司虽然没有这样的限制和要求，但是股权激励也绝非"想给就给"，应要充分考虑以下因素。

1. 企业的总体薪酬水平

在定总量时，应当将公司的总体薪酬和福利水平与行业平均水平进行对比。如果企业目前的薪酬水平较高，股权激励的总量可以相应少一些；相反，如果薪酬水平低于行业水平，就要把总量定得多一些，这样股权激励的收益加上员工本来的工资、奖金就能够达到或超过行业水平，会对人才产生较强的吸引力。

2. 企业的规模、净资产

激励股权的总价值不仅和数量有关，还和企业的规模、净资产大小有关。如果企业规模、净资产较大，即使股权激励授出股份占总股本的比例较小，绝对金额也不会是小数目；相反，规模、净资产小的企业，股权激励授出股份占总股本的比例就要定得大一些，否则绝对金额太小，激励作用就会非常有限。

3. 企业的股权架构

在定总量时，要参考公司的股权架构，以及准备采用的股权激励模式。比如，用虚拟股票进行激励，不会改变原有的股权结构，也不会动摇大股东的控制权，可以不做过多限制。

如果采用实股激励，那么就要格外慎重，因为股东股权会被"稀释"，或是因为转让、赠予等原因导致持股比例降低，而这将会影响股东的控制权。特别是在激励总量过多时，还可能导致股权结构过于松散，将引起内部治理混乱。所以，股权激励一定要把握好几个关键节点，即"绝对控制线"——67%、"相对控制线"——51%、"安全控制线"——34%。

4. 企业的业绩目标

企业有不同阶段的业绩指标，在"定总量"时需要充分研判实现当前业绩目标的实现难度：如果业绩目标实现难度较高，则应适当增加股权激励总额度，以产生足够的动力，推动激励对象去达成富有挑战性的目标；相反，如果企业发展势头良好，业绩目标实现难度较低，就要适当降低股权激励股份总量，否则股权激励方案很难通过，即便通过，在对外披露过程中也容易引起公众的质疑。

5. 股东和激励对象的意愿

股权激励的总量多少，还会受到股东分享意愿的影响。所以，在"定总量"前首先要看股东愿意拿出多少，要确保"总量"不会超过股东的心理底线。其次要考虑激励对象的意愿，也就是了解激励对象真正希望获得多少，这样股权激励才能产生比较满意的激励力度。

也就是说，"定总量"要解决好股东和激励对象之间股权分配的公平问题，所以，要在双方的诉求之间不断测试、不断调整，直到最终找到一个最佳的平衡点。

二、定好个体数量：解决激励对象之间的公平问题

股权激励的"个量"，简单地讲，就是激励对象个人获授对应权益的份额。对于"个量"的设置，有的企业缺乏应有的标准，常常会按照激励对象担任职务高低，或是与创始人的亲疏远近来决定授予量的多少。

如此"定个量"既不客观，又不公平，会影响激励对象的直观感受。有的激励对象认为自己无权参与决策，所以并不关注"总量"问题，可对"个量"来说，却会"锱铢必较"，如果看到别的激励对象比自己获得的份额多，就会产生不满和抱怨情绪，这样股权激励的效果也会大打折扣。所以，企业在"定个量"时一定不能过于草率，而是要在确保公平、公正的前提下推动股权激励。

> 昆山新莱洁净应用材料股份有限公司（以下简称"新莱应材"）成立于2000年，主要从事高洁净应用材料的研发与制造，是国内极少数覆盖电子洁净、生物医药、食品包装等多个领域的企业。
>
> 2011年9月，新莱应材登陆创业板，但由于行业总体低迷不振，再加上企业内部管理制度不健全，导致业务增长缓慢，股价六年增长幅度不足15%。
>
> 为了突破发展的瓶颈，该公司决定实施股权激励，一方面，可以"绑定"现有的员工，维持团队的稳定和高效；另一方面，也可以吸引业内优秀人才加入。
>
> 2017年初，新莱应材对外披露了股权激励方案，对21名激励对象（包括公司董事、中高级管理人员、核心技术和业务人员）授予限制性股票92万股，占公告时公司总股本的0.919 5%，授予价格为16.39元/股，资金来源为激励对象自筹。
>
> 在"定个量"时，新莱应材既考虑每名激励对象的重要性，又做到了公平、公正，尽量不让管理层和核心员工获授的份额相差过远。如7位高

管获授的份额合计为 30.8 万股，人均 4.4 万股，其中最高也没有超过 5.1 万股；而中层管理者和核心员工人均获授 4.37 万股，可以说不同对象的激励力度并没有太大的差距。从这也能看出该企业对于技术人员、业务人员的高度重视，给予堪比高管的激励，也很符合企业未来的发展战略，有助于激发这部分核心员工的积极性，推动他们全力以赴研发和改进产品，不断向外开拓市场，从而不断扩大市场份额，改善业绩。

参考新莱应材的股权激励方案，我们会发现"定个量"首先也要符合法律、法规的要求。根据《上市公司股权激励管理办法》第十四条规定："非经股东大会特别决议批准，任何一名激励对象通过全部在有效期内的股权激励计划获授的本公司股票，累计不得超过公司股本总额的 1%。"以新莱应材的做法为例，激励对象最多获得限制性股票 5.1 万股，占总股本的比例仅为 0.051%，符合《上市公司股权激励管理办法》第十四条的规定。

除此以外，"定个量"时还要考虑以下几方面的因素。

1. 符合激励对象的实际情况

每个激励对象都是独特的个体，有自身的优势、长处，在企业中担任的职务、起到的作用也各不相同，"定个量"时需要将这些特点考虑到位，才能既让激励对象满意，又不会造成浪费。

所以，很多企业会按照激励对象所在部门对于企业发展的影响程度，以及激励对象在该部门的影响程度定出权重系数，再根据不同的权重确定"个量"，这样就能把身处不同岗位、贡献大小不同的员工区分开。

2. 符合激励对象的实际薪酬水平

"定个量"还要参考激励对象的实际薪酬情况，一般激励对象个人薪酬越高，对于股权激励的预期收益就会越高，所以，"个量"不宜定得过低，以免让激励对象感到十分失望，影响其工作积极性。但"定个量"也不宜过高，否则会给企业造成较高的成本，还会影响财务报表，降低投资者的信心。过高的"个量"还会养大激励对象的"胃口"，他们在行权后实现"财务自由"，很可能选择离职或是索性"自立门户"，这会给企业造成难以估量的损失。所以，在实际操作中要充分考虑竞争对手的授予情况，再结合员工个人期望进行合理的调整。

3. 符合企业的长期激励规划

从国内上市公司的股权激励实施情况来看，许多公司已经实施了多期股权激励计划，采用"小步快跑、多次授予"的理念。在这种情况下，公司应当制定好长期激励规划，根据不同阶段的战略发展目标不断调整方案，在"定个量"时要兼顾当前的经营状况和行业发展情况，做好合理的安排。等到公司招募了新人才，或是引进了新的团队时，也能有足够的余量用来实施新一期的股权激励。

当然，"定个量"时还要兼顾公平性原则，所以，一定要制定好科学的分配体系，不但要进行职务级别分类，而且要设立细化的考核和评价标准，通过公开、透明的流程定出合理的"个量"，激励对象才会欣然接受。

三、牢记公司股份"生死线"：67%、51%、34%

在"定数量"的过程中，有一些数字比例会被反复强调，如67%、51%、34%等。它们也被称为股权激励的"生死线"。了解其法律依据和应用原理，可以避免触碰股权分配的"雷区"，有利于企业稳定、健康的发展。

第一条"生死线"——67%，也称"绝对控制线"。根据新修订的《公司法》第六十六条规定："股东会作出修改公司章程、增加或者减少注册资本的决议，以及公司合并、分立、解散或者变更公司形式的决议，必须经代表三分之二以上表决权的股东通过。"也就是说，在一般情况下，持有三分之二以上（约为67%，实际还包括66.7%、66.67%等）的表决权，就可以形成有效的股东会决议，对公司的股本变化、增减资、修改公司章程、合并、分立、变更主营项目等根本性事项能够获得绝对控制权。这里的"绝对控制"既适用于有限责任公司的股东会，也适用于股份有限公司的股东大会。

当然，如果股东之间有特殊的约定，上述这条"绝对控制线"就会失去实际意义。若公司章程有清楚的约定——股东须按出资比例行使表决权，而且出资比例还有认缴和实缴之分，这些都会影响绝对控制权的归属。比如，约定按照股东认缴的出资比例行使表决权，股东A的认缴出资比例最高，他就可以决定公司的重大事项；可要是约定按照实缴出资比例行使表决权，股东A实缴出资比例并不高，决定公司重大事项的就会变为实缴比例最高的股东B；但若是公司章程约定重大决策需要经过全体股东一致同意，出资比例的影响就不大了。

如何保证"绝对控制权"，海底捞为我们做出了良好的示范。海底捞最初的股东本是两对夫妻，分别持股50%。但这种均分的股权结构显然是不合理的，不利于企业的长久发展。于是在股东张勇的提议下，两位女股东先后放弃了经营权，随后张勇以原始出资额的价格获得了股东施永宏18%的股权，从而拥有了对海底捞的"绝对控制权"。此后，张勇可以自由地实施自己的构想，进行科学的统筹管理，提高经营效率。在张勇的带领下，海底捞从小小的火锅店发展成连锁巨头，上市后价值曾突破千亿港元。施永宏虽然没有参加经营管理，却可以享受巨大的收益，由此达到了双赢的结果。

第二条"生死线"——51%，也称"相对控制线"。根据《公司法》第六十六条规定："股东会作出决议，应当经代表过半数表决权的股东通过。"持有51%（过半数）的表决权，就可以对聘请或解聘总经理、选举董事或董事长、聘请会计师事务所和审计机构等相对简单的事项获得相对的控制权。这里的相对控制权只适用于股份有限公司，对于有限责任公司则由股东自动通过章程确定，而且有限责任公司需要注意界定"过半数"和"半数以上""二分之一以上"之类的说法，因为前者不包含50%，后两者却包含50%，约定时务必区分清楚，才不会造成股东会决议矛盾。

第三条"生死线"——34%，也称"安全控制线"。重大事项必须经代表三分之二以上表决权的股东通过。换言之，如果有持超过三分之一（约为34%）表决权的股东投反对票，股东会决议就不能通过了，相当于"一票否决"。当然，"一票否决"针对的是事关公司生死存亡的重大事项，而非所有的事项。

以上三条"生死线"可以作为股权激励的三个层次，应用于公司发展的不同阶段。

第一阶段：股权激励释放的股权额度必须低于三分之一，企业创始人拥有三分之二以上的额度，这样才能保有对重大事项的完全表决权。在股权统筹中，这种分配方式可以称为"进攻型统筹"，特别适合初创企业，或是公司正处于修改章程、兼并重组、定向增发股份等重大事项中，能起到稳定大局、避免公司决策受到干扰的作用。

第二阶段：随着企业进入发展阶段，管理层趋于稳定，管理水平不断提升，企业创始人可以从烦琐的事务中抽身，去进行总体性、长远性的规划，这时就可以再释放一些股份进行股权激励，但要确保自己的持股比例过半数，以维持"相对控制权"，这种分配方式可以称为股权的"管理型统筹"。需要注意的是，如果公司准备挂牌上市，上市前创始人拥有的51%的股权至少要经过两轮稀释，稀释后的股权比例可能会低于安全控制线34%，因此，建议有上市计划的创始人持股比例不低于52%，虽然与持股51%仅有1%之差，却能守住安全控制线，确保不会丧失一票否决权。

第三阶段：公司进入扩张期，创始人持股比例还是要保持在三分之一以上,这是一条非常重要的"底线",说明创始人对于公司的重大事项还能具有一票否决权,这种分配方式称为"防御性股权统筹"。

待企业进入成熟阶段,创始人持股比例就不需要超过三分之一了,因为这时公司已经进入公众治理阶段,创始人可以在公司章程里加入保障自身权益的条款,让自己拥有公司的主导权,这种分配方式称为"公众性股权统筹"。

四、上市公司定价:在"合规"的前提下体现激励力度

在股权激励的所有环节中,"定价格"有着特殊重要的意义,因为这直接关系到激励的力度,也会影响员工参与意愿的强弱。

对于上市公司来说,价格是不能随意设置的。《上市公司股权激励管理办法》第二十九条规定:"上市公司在授予激励对象股票期权时,应当确定行权价格或者行权价格的确定方法。行权价格不得低于股票票面金额,且原则上不得低于下列价格较高者:(一)股权激励计划草案公布前1个交易日的公司股票交易均价;(二)股权激励计划草案公布前20个交易日、60个交易日或者120个交易日的公司股票交易均价之一。上市公司采用其他方法确定行权价格的,应当在股权激励计划中对定价依据及定价方式作出说明。"

《上市公司股权激励管理办法》第二十三条规定:"上市公司在授予激励对象限制性股票时,应当确定授予价格或授予价格的确定方法。授予价格不得低于股票票面金额,且原则上不得低于下列价格较高者:(一)股权激励计划草案公布前1个交易日的公司股票交易均价的50%;(二)股权激励计划草案公布前20个交易日、60个交易日或者120个交易日的公司股票交易均价之一的50%。上市公司采用其他方法确定限制性股票授予价格的,应当在股权激励计划中对定价依据及定价方式作出说明。"

这样一来就对上市公司定价进行了原则上的限制，上市公司在进行股权激励定价时，也应当以"合规"为最基本的要义。

2021年底，浙江苏泊尔股份有限公司（以下简称"苏泊尔"）对外披露了《2021年限制性股票激励计划（草案）》，其中对于限制性股票授予价格的规定，引发了外界的强烈质疑。

苏泊尔的这次股权激励有293名激励对象，其中包括中高层管理人员、核心技术和业务人员，股票来源为公司回购股票，回购价格约为64元/股，而授予价格却被定为1元/股，质疑者认为此举有"利益输送"之嫌。

在股权激励计划草案中，苏泊尔对此进行了说明，指出此次股权激励的目的是"灵活地保留和吸引各种人才，建立对公司中高层管理人员和重要骨干的中长期激励约束机制，促进公司可持续发展"，至于将授予价格定为1元/股，也是综合考量了各激励对象的薪酬，能够匹配激励对象的整体收入水平。

但是对于苏泊尔的说明，深交所并未感到满意，还向苏泊尔发出了关注函，要求其说明授予价格的依据和合理性。苏泊尔的解释是，将价格定为1元，激励对象不必支付过高的对价，激励效果更加明显。而且目前公司现金流非常稳定，股份回购费用不会对正常的经营业务产生影响。另外，293名激励对象人均获授份额仅有4 100股，占公司目前股本比例极低，所以不存在"利益输送"的问题。

从苏泊尔股权激励引发的争议来看，上市公司在"定价格"时不能过于随心所欲，而是要遵守基本的原则，像限制性股票在定价时就应参考草案公布前一段时间的股票价格，最多给予五折折扣。苏泊尔聘请了中金公司作为财务顾问，对其定价依据进行说明，最终才平息了风波，但此次股权激励确实引发了一些不好的影响，这也是值得广大企业注意的问题。

虽说《上市公司股权激励管理办法》中提到可以以"其他方法确定价

格"，这给了上市公司一些可操作的空间，但是在实践中必须注意做到一点，即上市公司采用其他方法确定限制性股票授予价格的，应当聘请独立财务顾问，对股权激励计划的可行性、是否有利于上市公司的持续发展、相关定价依据和定价方法的合理性、是否损害上市公司利益以及对股东利益的影响发表专业意见。

因此，上市公司在设定授予价格和行权价格时，还是应当慎重考虑以下几点，既做到符合规定，又能够体现激励力度。

1. 考虑激励对象的切身利益和投资者的看法

上市公司应结合未来发展形势，对激励对象参与股权激励的"投资回报率"进行综合计算，将其作为定价的重要依据。

只有"投资回报率"比较合理，员工才能从股权激励中获得较多的收益，能够提升员工的参与意愿，激励效果也会更加理想；反之，投资回报率太低，员工就会失去参与的兴趣。但是投资回报率太高，又会出现"过度激励"问题，给公司现金流带来压力，更糟糕的是，这样做还会影响投资者的信心。2013年，上海梅林正广和股份有限公司（以下简称"上海梅林"）推出限制性股票激励计划，授予价格为5.46元/股，为草案公布前20个交易日公司标的股票均价的50%，激励力度不可谓不大，但是投资者却很不满意，认为这是过度激励，还指出半价授予价格代表公司管理层对未来股价信心严重不足，于是在草案公布后，上海梅林股票惨遭跌停，1个交易日市值损失达到8.72亿元，这样的例子也提醒了上市公司在"定价格"时需要多做斟酌。

2. 考虑员工的实际出资能力

"定价格"也要考虑员工的年龄、任职情况、收入情况，判断其是否具备相应的出资能力。否则定价过高，超越员工的出资能力，员工在参与时就会倍感犹豫，股权激励也会失去意义。这一点对于年轻员工更为重要，因为他们参加工作的年限较短，手头积累的资金有限，再加上还有车房贷款、生活支出，个人经济压力较大，对股权激励定价的敏感性也会更高。所以，建议将出资金额控制在员工个人收入的 30% 左右，不宜过高或过低。

当然，非上市公司可以通过股东借款、公司贷款等方式来解决一部分资金的来源问题，所以，定价空间可以稍大一些，但仍然要确保员工对公司的未来发展充满信心，他们才会愿意出资参与股权激励。

3. 考虑公司的运营成本

股权激励是有成本的，如股份支付成本会降低公司利润，也会对公司的财报产生影响。如果公司已经设定中长期盈利目标，就要注意关注激励成本的影响，可以在激励额度和定价上进行适当地调整。

对于拟上市公司和上市公司，因为证券监管机构有明确的净利润要求，就更是要严格控制激励力度，审慎进行定价，以避免激励成本摊销到上市前后的特定年份，导致当年利润下滑或亏损。

总之，公司在定价时要综合考虑多方面的因素，并要符合法律法规的要求，设定适当的价格，使员工能够清晰地感受到股权的价值，股权激励才更容易取得成功。

五、非上市公司如何准确确定公司估值

与上市公司相比，非上市公司股权激励的定价问题要复杂一些，因为非上市公司在定价时没有股票市场价格作为基准，也缺乏法律、法规的明文规定。所以，上市公司首先要确定一个能够反映公司价值的"公允价格"，这个价格的标价的计算公式为：

公允价格 = 公司估值 ÷ 总股本（或注册资本）

由此可见，确定公允价格的关键在于公司估值的确定。如果没有进行准确的估值，标价就会缺少客观的依据，员工意识不到股权的稀缺性，对股权激励不会产生应有的重视，工作态度也不会有太大的改变，那样股权激励就失去了作用。因此，非上市公司需要进行合理的估值，再以此为依据解决好定价问题。

被誉为"第一汽车新媒体"的"有车以后"诞生于2014年9月，借助广告投放、内容电商，很快实现了盈利。到2018年，"有车以后"的月收入已经接近3 000万元，在各大电商平台都设有旗舰店，电商转化率高达20%。

"有车以后"的成功，与高效、强大的团队有着密不可分的关系。广州市有车以后信息科技有限公司仅产品技术研发部门就有近百名员工，内容团队的成员有近80名。此外，运营、广告、策划、电商、销售部门也汇聚了大量人才。为了将这些优秀的人才牢牢"绑定"，公司决定实施股权激励。

第一期股权激励的对象有30多人，主要是管理层（如电商、产品、技术部门的负责人）和一些业务骨干，创始人的目的是想让这些核心人员能够率先享受公司成长的红利，因此，选择用实股进行激励。定价时以公司注册资本估值，估值结果为12亿元。在此基础上进行了合理的定价，激励对象有的只出资2万元，就获得了价值超过1 200万元的股权，有的只出资几百元，获得了价值30多万元的公司股权。激励力度不可谓不大。

2018年，公司融资估值已经超过20亿元，这说明激励对象选择变现的话，就可以获得10万～200万元的收益，这样能够极大地鼓舞士气，也让员工对公司的未来充满信心。

"有车以后"在进行公司估值时，选用了"注册资本估值法"，以此为依据进行定价的话，员工和创始人获得股权的价格是相同的。这说明员工只需付出少量资金即可享受股权激励带来的收益，员工的接受度很高。在实践中，这种方法比较适合注册资本金等于或略小于净资产的情况，此时公司还未获得融资，估值未能经过市场验证，未来前景不太确定。但"有车之后"是在融资后采用这种方法的，员工可以通过股权激励享受确定的收益，这种做法足以体现创始人宽广的胸怀和求贤若渴的态度。

那么，公司估值还有哪些常见的方法呢？

1. 净资产估值法

公司净资产与注册资本金的差额较大时，可以选择净资产估值法。此时公司可以选择权威的第三方专业会计机构对各项净资产的价值进行评估，再汇总计算出公司总的净资产价值，然后以每股净资产价值确定公允的价格。随着净资产的增加，股价也会随之上涨，激励对象对自身收益可以有更直观的感受。

但是，这种估值方式只涉及公司的有形资产，却没有考虑公司的品牌影响力、客户积累、技术专利等无形资产，所以估值偏低。以此为依据进行股权激励的定价，激励对象是乐于接受的，但却会给企业造成更大的成本。这种方法更适合重资产的企业或是规模小、业务简单的企业。

2. 市盈率估值法（PE估值法）

市盈率也是一种常见的估值指标，是用公司股价除以每股收益计算出的比值，也可以用总市值除以净利润，结果是相同的。而公司估值是用年度净利润乘以市盈率来计算的，比如某公司2021年度净利润为1 000万元，按照五倍市盈率计算，公司估值就是5 000万元。而五倍的市盈率意味着公司投资全部"回本"需要五年，也就是说每年投资回报率为20%，这种投资回报率对员工是有吸引力的。当然，这种估值法适合盈利相对稳定的企业，如果是利润为零或为负的企业，就应当选择其他方法。

3. 融资价值估值法

如果公司的主要价值在无形资产（如互联网企业、高科技企业等），无法进行客观估值，那就可以参考最近一次融资时的估值。在定价时则可以将融资估值打一定的折扣，一般建议打1~5折。如上海琥崧智能科技股份有限公司在实施股权激励时就采用这种方法，该公司将最近一次融资时的估值打2折，最后确定价格为3元/股。

在实践中，企业应根据自身实际情况和所处发展阶段选用适合的估值方法，为了得到比较公允的估值，也可以将2～3种方法结合在一起使用，最后进行加权处理。这样更能够让员工从市场角度正确认识公司的价值、认识股权的价值。在企业实施股权激励后，员工也会以股东的身份看待工作，能够和企业一起进步、成长。

六、非上市公司确定股权激励价格有哪些"套路"

通过准确估值，非上市公司可以定出股权激励的"标价"，但标价大多只是参考，最终不一定会以这个价格成交。在实践中，很多非上市公司会从实际经营情况和激励目的出发，采取免费赠予、折价等定价办法。

> 四川明星电缆股份有限公司（以下简称"明星电缆"）创建于2003年，主要从事电线电缆设计开发、生产、销售等业务，能够为石油石化、发电、新能源等行业提供高品质特种电缆，公司成立第一年产值就达到2亿元。
>
> 该公司创始人深知人才的重要性，早在创业初期，就很重视对员工的股权激励。2003年11月，公司采用增资扩股的方式实施了股权激励，将股权赠予了六名激励对象，所附条件仅为"在公司工作五年"。然而两年后，三名激励对象先后离职，被赠予的股权也被收回。
>
> 2006年，公司又实施了两次股权激励，同样以增资扩股的方式进行，第一次将相当于30万元的股权赠予了财务总监，第二次将相当于104.27万元的股权赠予了四位激励对象。
>
> 2007年，公司以同样的方式，分别赠予销售分公司总经理和财务副总监相当于39.045万元的股权。
>
> 2008年以后，公司进行了上市前的改制，股权激励范围有所扩大，主要面向管理、技术和销售人才赠予股份，约占当时公司总股权的0.9%。
>
> 直到2010年，公司才开始按净资产价格向股东转让股份，但仍有两位员工选择退出……

在上市前，明星电缆采用这种"免费赠予"的方式进行股权激励，彰显了创始人的胸襟和眼光，但这种方式也容易成为"双刃剑"——员工会有两极化的感受，也会导致完全不同的结果。比如，有的员工对公司前景并不看好，也没有意识到股权的价值，看到公司不分红，便会感到十分失望，再加上员工获得股权几乎没有什么成本，选择离职退股也不会有心理负担，因此，几次股权激励后都出现了个别员工离职的情况。当然，对公司前景充满信心的员工会非常重视股权的价值，也会将自己真正看作公司的一分子，他们会选择留下来和公司一起成长。即使该公司在上市后出现了不少问题，甚至产生了严重亏损，这些员工也始终不离不弃，为公司扭亏为盈、重新走上正轨付出了很多努力。

由此可见，免费赠予的方式需要谨慎使用，更适合前景良好的初创期企业，并且员工对公司的未来应当有积极的预判。在具体实施时，公司需要对赠予的股份附加一定的条件，并要在协议中明确列示，以便对激励对象形成一定的约束，这样既能提升股份的价值，又能提高激励对象的离职成本，可以减少人才流失。

除了免费赠予外，非上市公司还常常会采用折价的方式来定价，如以注册资本或者每股净资产为基础，进行适当的折扣，以提升激励的力度，但是在实施这种折价定价法时应当把握好以下几条原则。

1. 公平定价原则

根据《公司法》第一百二十六条规定："同次发行的同种类股票，每股的发行条件和价格应当相同"，这就对非上市公司定价进行了一定的约束。在同一次股权激励中，公司不应对不同层级的激励对象制定不同的授予价格或行权价格，否则就会违背公平定价原则，也会引起激励对象的质疑，使得股权激励的效果大打折扣。

如果公司想要体现不同的激励力度，可以给予激励对象不同的授予数量，而不应进行区别定价，这是股权激励中应当把握好的一点。

2. 定价稳步提升原则

非上市公司在不出现亏损的情况下，后续实施股权激励的定价应比之前的定价高一些，这样做的意义是能够体现出公司股份的增值价值，会让新的激励对象更加重视自己获得的股权，同时原有股东的利益也不会受到损害，不会造成原有股东的不满。

总之，非上市公司在进行股权激励的定价时，应在正确、客观的估值基础上，给予合理的折扣，制定符合激励对象心理价位的价格，这样才能够显示出公司的"诚意"，有利于达到最佳的激励效果。

七、拟上市企业股权激励定价如何操作

对于拟上市公司来说，实施股权激励既可以减少一定的现金压力，又能够让员工的角色升格为公司的"股东"，使员工和公司结成命运共同体，有利于提升公司业绩，也有利于扫除IPO上市时的一些障碍。因此，众多拟上市公司纷纷加入股权激励的行列。

但是拟上市公司正处于特殊的关键时期，在设置股权激励方案时既需要关注上市前的审核要求，要确保方案合规、合理、公平；又需要考虑上市后会出现的各种情况，如股权定价问题就是需要特别注意的。股权定价不合理，不仅会影响激励对象的参与积极性，还会影响估值和股权结构，导致上市进程受到影响。

新疆东方环宇燃气股份有限公司（以下简称"东方环宇"）是一家燃气供应商，以城市燃气供应为主。该公司于2018年6月上市，上市前最后一次股权激励是在2015年底。此次股权激励的激励对象除了公司的部分高管、股东和核心员工外，还包括新收购的"环宇安装"的10名股东。总的激励份额为1 500万股，规定公司实际控制人及其亲属的激励股份上市后锁定期为36个月，其余激励对象的股份上市后锁定期为12个月。公

司董监高如有离职者，离职后半年内不得转让直接或间接持有的公司股份。

此次股权激励于 2015 年 8 月完成工商变更登记。2017 年 6 月，公司递交上市材料，于 2018 年 6 月上市。从股份工商变更完成到上市递交材料间隔近两年时间，不存在"突击入股"的情形，能够保证股权的稳定，在上市前也不存在代持、委托持股等容易引发股权纠纷、造成股权不清晰的情况，有助于通过上市前的审核。

在定价方面，该公司采用收益法下净资产评估值 38 518.04 万元作为计算依据，得出公允价格为 3.668 4 元/股，实际员工购股价以 2015 年 6 月 30 日公司账面净资产 23 099.34 万元为依据，定为 2.2 元/股，低于公允价格，激励力度较强，同时也做到了合法、合规，因此，不会影响公司顺利上市。

从东方环宇的股权激励来看，定价是拟上市公司的关注的核心问题之一，因为定价的高低将影响股份支付，也会对公司净利润造成影响，进而会影响公司上市的申报进程。

那么，拟上市公司股权激励的公允价格是如何确定的呢？

在制定实际的"出价"时，拟上市公司需要注意考虑各方意愿。比如从激励对象的角度看，股权激励定价当然是定得低一些较好，这样也可以借着上市的机会，与激励对象分享公司的经营成果，提升激励对象对公司的归属感和责任心。但是公司实际控制人有时也会从自身利益出发考虑问题，不希望"贱卖"自己公司的股份，而是会要求定价至少要与净资产价格持平，但这又会降低激励对象的参与意愿。

另外，公司的股权来源如果是股东转让的形式，转让价格也会对股权激励定价造成一定的影响。倘若股东更加看重公司的长远发展，愿意以相对合理的价格转让股权，定价的过程就会更加顺利；相反，若是股东更看重个人所得，造成转让价格过高，股权激励定价就会比较被动。

因此，股权激励在定价时需要平衡各方利益，听取各方意见，最好能够在各方意愿之间找到一个最佳的平衡点。此外，战略投资者投资入股，通常也不愿意接受低于投资价格的定价，因为这会损害投资者的利益，而且投资者入股价格本身也是公允价格的一个重要依据，所以，拟上市公司最好能够在战略投资者进入之前就实施股权激励，以避免很多烦琐的程序和不必要的争议。

第七章

定好时间：抓紧"对的"时间，做好"对的"事情

一、有效期：防止短期行为发生

企业实施股权激励计划要经历一定的过程。其中包括若干个时期，如有效期、等待期、行权期、锁定期、解锁期等，此外还有一些重要的时间节点，如授予日（授权日）、可行权日等。《上市公司股权激励管理办法》第九条第（五）款规定："上市公司依照本办法制定股权激励计划的，应当在股权激励计划中载明……股权激励计划的有效期，限制性股票的授予日、限售期和解除限售安排，股票期权的授权日、可行权日、行权有效期和行权安排"。

"有效期"，简单地说就是整个股权激励计划的有效期限。这个期限一般是从首次授予日（授权日）开始计算，到最后一批股份行权或解锁完毕，总的时长不得超过10年。但实际操作时，股权激励计划的有效期大多为3~5年。

一项最新的统计报告显示，在2021年发布股权激励方案的主板上市公司中，有40%将有效期定为4年，有38%的公司将有效期定为5年；而在科创板上市公司中，有近一半的公司将有效期定为5年，26%的公司将有效期定为4年；在创业板上市公司中，将有效期定为5年和4年的也是最多的，占比都在40%左右。

该报告还将发布股权激励的上市公司按照市值大小进行了排序对比，同时得出一条结论：市值较小的公司有效期设置相对较短，而这与小市值公司发展速度较快，但抵御风险的能力较弱有一定的关系。

当然，每一家企业在设计自己的股权激励计划时会有很多个性化的考量，以符合企业的实际情况。

具体来看，企业在制订股权激励计划的有效期时，主要会考虑以下这些因素。

1. 考虑相关法规制度

拟上市公司在制定有效期时需要严格遵照上市审核规则的相关要求。比如，根据上市审核规则，拟上市公司在审期间，不得新增期权激励计划，相关激励对象也不能行权。另外，在公司完成首发上市前，激励对象在公司行权认购的股票，应承诺自行权日起三年内不得减持。类似这样的规定都是企业应当充分认识并进行参考的。

2. 考虑企业未来发展战略

企业在制订股权激励计划的有效期时，还应当考虑未来发展的问题，如企业会有一些阶段性的目标，在完成时需要花费一定的时间，股权激励的有效期就应当与这些时间相匹配，才有利于目标的顺利完成。

一般来说，一次股权激励的有效期时长最好不要超过当前重要战略目标的实施期。如果目标难度较大，时间跨度较长，我们也可以对目标进行拆分，再分期实行股权激励计划，这样可以更加方便、灵活地调整具体措施，提升激励效果。

3. 考虑企业财务报表

从表面上看，有效期长或短，并不会影响股份支付费用的总金额，但是我们要考虑股份支付费用需要在各年度摊销，由此会对企业财报造成一定的影响。

如拟上市公司的股份支付费用应当合理地分摊在各申报报告期，这样净利润才不会出现较大的波动。而上市公司的净利润和股价密切相关，所以，企业在确定有效期之前也要进行财报层面的"压力测试"，以免引起股东的恐慌情绪。

4. 考虑可能产生的激励效果

有效期的长或短还会直接影响股权激励的效果好坏。比如有效期设置得过长，激励对象会感觉激励目标过于遥远，缺乏吸引力，也就无法达到激励的目的；可要是有效期设置过短的话，又容易造成激励对象的"短期行为"，如经理人会过分关注短期收益，作出的部分决策不具有前瞻性，有时甚至还会牺牲一些有利于企业长远发展的机会。因此，企业必须权衡考虑，避免这类问题出现。

二、授予日：一切时限的开始

授予日（授权日）是实施股权激励的一个重要时点，即为上市公司向激励对象授予限制性股票、股票期权的日期。比如在2022年6月，美的集团董事会确定了公司2022年限制性股票的授予日，是在2022年6月8日；由于两名激励对象在此之前选择离职，不满足成为激励对象的条件，其所被授予的限制性股票也被取消。

在实操中，需要注意将"授予日（授权日）"和"生效日"区分开，"生效日"一般在"授予日（授权日）"之前，对于上市公司来说，"生效日"是上市公司将股权激励计划上报证监会备案，而证监会无异议，再经公司股东大会审计通过的日期；对于非上市公司，"生效日"是非上市公司股东会审议通过股权激励计划的日期。

至于"授予日（授权日）"则是股权激励计划经生效后再由企业董事会制定的一个具体日期，这个日期能够成立，需要满足以下几个条件：

（1）公司内部审批包括股东会或董事会审批已经全部完成；

（2）公司和员工双方针对授予数量、行权条件等重要条款已经达成一致，形成了正式的书面约定或非正式的口头约定。

关于授予日（授权日）的确定，我们可以参考以下这个案例。

2022年，某上市公司准备实施股权激励计划。3月10日，公司股东大会审议通过股权激励方案，并确定了授予价格，但没有明确具体的激励对象及授予股份数量。4月8日，公司董事会确定了具体激励对象及股份数量，并将经批准的股权激励方案与员工进行了沟通并达成一致。

在这里我们可以看到，该公司的股权激励方案虽然在3月10日获得了股东大会批准，但当日并未确定拟授予股份的激励对象及授予股份数量，不满足授予日（授权日）成立条件中"公司与员工达成一致"的要求，所以，不能算是授予日（授权日），直到4月8日，公司与员工沟通并达成一致后，才能确定为授予日（授权日）。

另外，为了避免日后在业绩考核、计算方面出现不必要的麻烦，授予日最好能够与考核日期相适应。此外，如果股权激励是为配合公司的重要战略目标而实施的，那么授予日还应当注意与该战略目标的启动日保持一致。这样就能确保对员工的激励和实现战略目标能够同步进行，有助于战略目标的顺利推进。

三、等待期："绑定"员工的关键

激励对象在获授股票股权后，需要等待一段时间、满足一定条件才能完全行权，从授权日到行权日之间的这段时期被称为"等待期"。

股票期权授权日与获授股票期权首次可行权日之间的间隔不得少于12个月。也就是说，等待期最短也不能少于12个月，这是企业应当注意的基本原则。

科大讯飞股份有限公司（以下简称"科大讯飞"）是专业从事智能语音、软件及芯片开发等业务的高科技企业，在核心技术领域处于全球领先水平。

自2008年上市以来，该公司已经实施过四次股权激励，对稳定员工队伍、提升研发能力、推动企业进一步发展起到了非常积极的作用。数据显示，2015—2021年，公司年营业收一直处于上涨趋势。

2021年底，科大讯飞再一次推出股权激励方案，向符合条件的中高层管理人员以及核心技术人员、业务骨干授予股票期权168.3万份、限制性股票2 424.92万份（授予价格为26.48元/股）。

其中，股票期权的激励对象是公司的70名核心骨干，平均每人获授约2.4万份，在满足行权条件的情况下，在有效期内可以按行权价格（每份52.95元）购买公司股票。根据该公司披露的信息，这项激励计划的有效期不超过48个月，而且股票期权适用不同的等待期，分别为12个月、24个月、36个月。在等待期内，股票期权不能转让，也不能用于担保或偿还债务。每一个等待期结束，激励对象就拥有一年的行权期，行权的比例分别为30%、30%、40%。行权还要满足业绩考核要求，其中包括公司层面三个会计年度的业绩要求，以及个人层面的考核要求，如果个人绩效考核结果不合格，进入行权期的股票期权将被注销。

限制性股票的激励对象为2 240人，因为人数众多，"个量"稍显不足，即使是激励力度最大的副总裁也只获授20万份，符合科大讯飞谋求所有员工"共同富裕"的理念。限制性股票的三个限售期分别定为自限制性股票上市之日起12个月后、24个月后和36个月后，解禁的比例为30%、30%、40%。公司层面的解除限售条件是以2020年营业收入为基准，2021—2023年营收增长率分别不低于30%、60%和90%，此外还有个人绩效考核要求，只有考核结果合格，当期进入解除限售期的限制性股票中才可以解除限售。

科大讯飞的股权激励，既体现了对管理人才的重视，又照顾到核心员工、业务技术骨干的实际收益，有助于稳定团队人员结构，减少重要骨干员工离职的可能。另外，无论是股票期权激励还是限制性股票激励，都从公司、个人层面设置了明确的考核指标，可操作性很强。这次股权激励充分彰显了公司做大、做强的信心，有利于业绩稳定、持续的增长。

科大讯飞在实施股票期权激励时，充分考虑"等待期"的问题，使激励对象需要经过一定期限，才可以享受相应的权益。如果激励对象选择在等待期离职，未行权的股权将被作废。由此可以约束激励对象留在公司努力工作，并要尽量保持高效率，才能获得高收益。

当然，等待期的时间跨度并不是随意设定的，除了要遵循法律、法规外，还要注意和公司阶段性战略目标的完成时间、激励对象达成业绩目标的时间相一致。另外，"等待期"还应当结合"有效期"进行设定。比如有效期较长，等待期也要设置得长一些，一般可设为3～5年，如蔚蓝生物在实施股权激励时曾经设置过5年的超长等待期，体现了公司对于长期激励和约束机制的重视；如果有效期较短，等待期可设置得短一些，一般可设置为1～2年。

在实践中，常见的"等待期"有以下几种形式。

1. 一次性等待期

一次性等待期的特点是：在一次性的等待期满后，激励对象可以行使全部权利。比如股权激励计划约定从股票期权授权日起的两年后，激励对象可以对其获得的份额全部行权，这种情况就属于一次性等待期。其优点是激励效果非常显著，激励对象接受度高，比较适合那些希望在既定时间内大幅提升业绩的公司。

2. 分批等待期

采用分批等待期后，激励对象在达成阶段性业绩目标后，可以分批行使部分权利，获得股权激励的部分收益。

这种形式又可分为两类：第一类是直线等待期，也称"匀速等待期"，也就是每隔一段时间行权，每次行权的数量相等；第二类是阶梯等待期，也就是每次等待的期限、行权数量不同。如某公司规定分三批行权，第一批从授权日起24个月后行权，行权比例为30%；第二批在36个月后行权，行权比例为30%；第三批在60个月后行权，行权比例为40%，这就属于阶梯等待期的范畴。

3. 业绩等待期

采用业绩等待期后，激励对象只有在有效期内完成特定的业绩目标才可以行权。此时等待期没有确定的时长，需要根据收入、利润等指标的实现来确定等待期是否已满。一般而言，这种形式更适合公司陷入发展困境，急需突破难关的情况。

四、行权期：期限并非越长越好

"行权"，顾名思义，就是激励对象按照股权激励计划的规定行使权益的行为，如激励对象按行权价格支付现金，购买上市公司股份，就是一种常见的现金行权方式。

行权应当有时间限制，也就是要有"行权期"。很多企业在执行股权激励时，往往将关注点集中于股权激励的数量、价格等方面，却忽略了对于行权期的安排，但这样的忽略却会引发不良后果，如行权期设定得过长，激励对象会反复权衡利弊，难以作出决策，导致股权激励效果减弱，有时激励对象甚至会选择放弃行权，使得股权激励失败；但若是行权期设定得过短，在求利心理的影响下，容易引发激励对象粉饰业绩、虚假陈述之类的短期行为，不仅达不到激励的目的，还会为企业的后续经营埋下各种隐患。

那么，行权期应当如何确定呢？在这方面，公司首先应当遵照《上市公司股权激励管理办法》第三十条规定："股票期权授权日与获授股票期权首次可行权日之间的间隔不得少于12个月。"第三十一条规定："在股票期权有效期内，上市公司应当规定激励对象分期行权，每期时限不得少于12个月，后一行权期的起算日不得早于前一行权期的届满日。每期可行权的股票期权比例不得超过激励对象获授股票期权总额的50%。"这里所说的"行权日"是指激励对象行使约定权益的日期，如持有股票期权的激励对象可以按行权价格购买本公司一定数量的股权，该日期就是行权日。

对于未行权的股票期权，《上市公司股权激励管理办法》第三十二条规定："股票期权各行权期结束后，激励对象未行权的当期股票期权应当终止行权，上市公司应当及时注销。"也就是说，只有达到可行权条件的期权，才可能是激励对象拥有的"财产"。激励对象可以选择适当的时机行权，但必须在行权期内完成行权，否则已获授权但尚未行权的期权不得再行权。

> 2020年，广联达科技股份有限公司（以下简称"广联达"）实施了股权激励计划，在年底完成了授予股票期权和限制性股票的登记工作，其中股票期权的激励对象有204人，行权价格为55.39元/股，2021年4月，行权价格被调整为55.14元/股。
>
> 按照股权激励计划的规定，公司授予的股票期权自授予登记完成之日起满12个月可以开始行权，即进入了行权期。激励对象在未来的36个月内分三期行权，如果达不到行权条件，当期股票期权不得行权；若符合行权条件，但未在行权期全部行权的该部分股票期权将被公司注销。
>
> 其中，第一个行权期可申请行权的股票期权数量为获授期权总数的40%。到2021年底，第一个行权期的行权条件已达成。但六名激励对象因为个人原因离职，不再具备激励对象资格，对其已获授而尚未行权的4.2万份股票期权予以注销。另外，在办理集中行权的过程中，又有两名激励对象因个人原因放弃行权，对其第一个行权期的0.48万份期权予以注销。因此，第一个行权期实际行权的激励对象只有196人，实际行权的股票期权数量为47.24万份。

公司在设定行权期时，除了要符合《上市公司股权激励管理办法》等的规定外，还需要结合股权激励的模式及公司所处的行业进行合理设定。

一般行权期的时间设定是不超过三年，如广联达就将行权期设定为三年（36个月），在此期间，达到行权条件的激励对象可以按照约定比例分期行权，也可以选择放弃行权。如果像广联达这样采用集中统一行权，需要先由上市公司收集激励对象的行权意愿，再选择某个时间前往交易所、证券登记结算公司进行集中办理，这样所有激励对象的行权时间和应税所得是一样的。

如果采用自主行权模式，激励对象达到行权条件后，可以在行权期间自主选择行权时间，之后无须委托上市公司统一办理，而是可以通过券商客户端自助完成行权。这样既能够自由调节股权激励的实际收益，又能够节约时间成本，而公司也能够降低一些管理成本。

五、限售期：避免对股价造成打压

在激励对象获得限制性股票后，需要设置一定的限售期，在此期间，限制性股票不得通过二级市场或其他方式进行转让。

在实施股权激励中，限售期的设定是非常有必要的。因为激励对象的持股成本通常较低，如果不进行限售，激励对象在获得股份后会立即抛售以获得超额利益，由此会对股价造成打压，这对其他投资者显然是不公平的。

因此，企业要用限售期"绑定"激励对象，这样做一方面，能够维持股价稳定；另一方面，也能促使激励对象更多地关注公司经营，想方设法提升公司价值，有利于公司的长远发展。

> 北京宇信科技集团股份有限公司（以下简称"宇信科技"）长期为金融机构提供 IT 解决方案，积累了大量稳定合作客户，在行业内拥有较高的品牌声誉，在网络银行、信贷管理等细分领域更是保持着领军地位。目前该公司员工人数超过 8 000 名，在十余个城市设立了分公司、子公司和代表处，以便为客户提供更加快捷、周到的服务。
>
> 为了充分调动管理人员、技术和业务骨干的积极性，使其诚信勤勉地工作，确保公司发展战略和经营目标的实现。该公司在 2020 年实施了限制性股票激励计划，实际授予限制性股票 1 197.92 万股，规定限售考核年

度为2020—2022三个会计年度,每个会计年度考核一次,解除限售需要先达到绩效考核目标。

三个解除限售期的公司业绩考核目标均以2019年的净利润为基数,2020—2022年公司净利润增长率分别不低于15%、30%和60%,解除限售比例分别为40%、30%和30%。

个人层面的考核目标由薪酬与考核委员会逐年进行考核,按照激励对象的"业绩完成比"决定解除限售的比例。比如,激励对象业绩完成比在90%以上(含90%),标准系数设为1.0;若完成比在80%～90%(含80%),标准系数设为0.8,实际解除限售额用标准系数乘以计划解除限售额度来计算;若完成比不到85%,视为"不达标",公司按照激励计划的规定取消该激励对象当期解除限售额度。

2021年7月,第一个解除限售期的公司层面条件已经顺利达成,391名激励对象符合个人层面解除限售条件,解除限售的限制性股票为714.49万股,从7月28日起,这些限制性股票就可以上市流通;另有18名激励对象因个人原因辞职,12名激励对象绩效考核结果不符合本次解除限售的条件,不能解除限售的限制性股票由公司回购注销。

2022年7月,第二个解除限售期的条件届满。又有368名符合条件的激励对象解除限售限制性股票516.35万股,从8月4日起可以上市流通。另有63名激励对象因离职或个人层面绩效考核要求不达标不能解除限售,涉及的限制性股票由公司予以回购注销。

从宇信科技的实操中可以了解到限售期、解除限售设定的原则和规范:

首先,根据《上市公司股权激励管理办法》中的规定,"限制性股票授予日与首次解除限售日之间的间隔不得少于12个月","在解除限售前不得转让、用于担保或偿还债务"。宇信科技限制性股票激励计划的首次授予日是 2020 年 6 月 5 日，第一个限售期在 2021 年 7 月 21 日届满，符合相关规定。

其次，在限制性股票的有效期内，上市公司应当规定分期解除限售，每期时限不得少于 12 个月，各期解除限售的比例不得超过激励对象获授限制性股票总额的 50%。宇信科技采取了分三期解除限售的办法，每期间隔不少于 12 个月，各期解除限售比例分别为 40%、30% 和 30%，也是符合规定的"上限"50%。

最后，如果激励对象未能达成当期解除限售的条件，"上市公司应当回购尚未解除限售的限制性股票，并按照《公司法》的相关规定进行处理"。宇信科技对离职人员和个人层面绩效考核不达标的人员，公司的处理方式是回购注销其已获授但尚未解除限售的限制性股票。

企业在设置限售期时，可以参考宇信科技的做法，在符合相关规定的前提下，兼顾激励对象的权益，从而能够更好地"绑定"激励对象。

第八章

定好来源：股权激励的股份和资金到底从哪里来

一、股东转让：用"做减法"的形式解决股份来源

实施股权激励，必须解决好股份和资金的来源问题。股份的来源要分成两类讨论。

第一类是虚拟股票，它并不是真实的股份，而是"模拟"出来的。比如公司有多少注册资本，就"模拟"出多少虚拟股份，再从这些虚拟股份中拿出一部分授予员工；也有一种做法是增资扩股，即新增一部分虚拟股份授予员工，虚拟股份的"总股本"相应增加。

第二类是实股，其来源主要有股权赠予和转让、公司股份回购、定向增发（或增资扩股）三种。另外，公司设立或发行新股时预留出的股份，也可以成为股权激励的来源。

股份赠予和转让，都是将原有股东的股权分出一部分给激励对象，相当于在对原股东持有的股份"做减法"。只不过股份赠予是无偿的，而股份转让是有偿的，此时原有股东的持股数量和比例会减少，公司的股权结构也会发生改变。

对于非上市公司来说，会更多地采用这种股东直接转让或赠予的方式来解决股份来源。

安徽鸿路钢结构（集团）股份有限公司（以下简称"鸿路钢构"）是我国大型钢结构企业集团之一，在安徽、湖北、江西都设有生产基地，具备强大的生产能力，产品市场竞争能力较强。近年来公司发展势头良好，2021年前三季度营业收入达到133.77亿元，同比增长40.67%。

为了进一步稳定人才队伍、提升公司核心竞争力，在行业内建立领先优势，该公司在2022年初推出了员工持股计划，该计划以两家有限合伙企业作为持股平台（合肥鸿飞股权投资合伙企业和合肥鸿发股权投资合伙企业），员工通过持股平台间接持有公司股份（以份为单位认购股份，总出资额不超过2.36亿元），这些员主要包括公司高管、技术骨干、基地和

第八章　定好来源：股权激励的股份和资金到底从哪里来

> 工厂领导及一些优秀的销售人员，总人数不到100人。至于股份的来源则是控股股东减持的股份。
>
> 员工持股计划持有数量合计不超过520万股，占公司总股本的0.98%，也就是说，控股股东拿出不到1%的股份进行股权激励，符合相关规定。员工认购股份的资金来源除了薪酬、自筹资金外，还可以向控股股东借款，且不用支付利息（借款最多只能占全部资金来源的一半），借款的期限定为员工持股计划的存续期为7年，减轻了员工还款的时间压力。

鸿路钢构选择以这种方式进行股权激励，也是因为对公司未来发展前景具有良好的预期，希望进一步调动员工的工作积极性，增强管理队伍的凝聚力，实现公司与重要员工的共同成长。在解决股份来源的问题时，该公司选择了股东转让、激励对象通过员工持股计划间接持股的办法。

在实际操作中，更加常见的做法是公司原股东或创始人与激励对象签订股权转让协议，直接将股权转让给激励对象。如汉鼎技术、汉威电子等公司都采用过这样的做法，将大股东持有的股份分别转让给若干个激励对象，转让价格为1元/股。而探路者公司为了激发高管的积极性，曾经采用过增资＋股东转让的做法，同一激励对象不但获得了大股东转让的2.135 9%的股份，而且和其他几位新股东向公司增资1 405万元，注册资本增加约80万元。

采用股东转让的做法，公司注册资本（股本）是不会变化的；激励对象认购股权的款项也将进入原大股东的私人账户，不进入公司账户。另外，股权转让价格存在溢价时，原大股东可能需要交纳个人所得税（对应自然人股东）或者企业所得税（对应公司法人股东）。

另外，如果公司股权结构比较集中，即大股东或部分股东持股份额占绝大多数，远远超过其他股东总计持股数量，那就可以选择由大股东或部分股东转让股权；但要是公司股权比较分散，就不适合由个别或部分股东转让股权，因为这样容易让公司原有的股权结构发生大的动摇，所以，此时可以由所有股东按照同样的比例进行转让。这样，所有原有股东的股权都将同比例稀释，不会改变公司原来的股权结构。

二、股份回购：回购股份算不算"利好"

股份回购是上市公司股权激励股票的重要来源。2022年前三个月，已经有400余家上市公司发布了股份回购计划，其中已经实施回购的有270多家，将回购股份用于股权激励者占据了较大的比重。

2022年4月，证监会等三部门在《关于进一步支持上市公司健康发展的通知》中也提到要"增进价值回归，稳定投资者预期"，"鼓励上市公司回购股份用于股权激励及员工持股计划。支持符合条件的上市公司为稳定股价进行回购。依法支持上市公司通过发行优先股、债券等多种渠道筹集资金实施股份回购"。这为企业实施股权激励提供了新的引导方向。

阳光电源股份有限公司（以下简称"阳光电源"）是一家专注于新能源电源设备研发、生产、销售的高新技术企业，自2011年公司在创业板上市后，业绩逐年攀升，2020年营业收入、净利润双双创下新高。进入2021年，该公司仍然保持了高速增长，可就在外界一致看好的情况下，公司第四季度却出现了严重亏损，2022年第一季度业绩同样很不乐观。同时，公司股价严重下滑，4月20—26日，股价持续大跌，短短几天市值竟跌去约三分之一。在2021年10月，公司股价曾接近180元的高点，可截至2022年5月20日收盘时，股价仅为85.19元。

面对这种情况，公司果断推出回购方案，以维护股价稳定。2022年5月，该公司发布公告，称将使用自有资金以集中竞价交易的方式回购公司部分股份，用于对核心成员、骨干员工进行股权激励。

该公司综合考虑现有财务状况、经营情况，结合对未来盈利能力的估测,将回购资金的总额定在5亿~10亿元,回购价格不超过100元/股。按照这个数字计算,此次回购股份在500万~1 000万股,占公司已发行总股本的0.336 7%~0.673 3%。

随后该公司又披露了2022年限制性股票激励计划(第二类限制性股票),计划授予468名激励对象限制性股票650万股,约占公司股本总额的0.44%,首次授予618万股,预留授予32万股,授予价格为35.54元/股。

该公司制定了公司层面的业绩考核目标,要求2022—2025四个会计年度的年营收较2021年分别增长不低于40%、80%、120%和160%;归母净利润增长不低于70%、110%、150%和190%。

此外,该公司还将个人层面的绩效考核结果划分为A、B+、B、C和D五个档次,按档次确定归属比例。如果当年计划归属的限制性股票不能归属或不能完全归属,就只能作废,不能递延到下一年度。

阳光电源的股份回购和股权激励计划彰显了公司对未来业绩增长的信心,也能够充分调动激励对象的积极性、创造力,有助于公司核心队伍的建设。

由此也可以看出股份回购用于股权激励的好处,具体如下。

1. 不会影响原股东的利益

回购股份不会增加总的股本,也不会让每个股东拥有的股权被稀释,对股东的利益影响较小。因为公司是用属于全体股东的资金去购回流通在外的本公司股份,再将这些股份按一定的价格授予激励对象。假设某公司出资5 000万元回购30万股,再将这30万股授予7名高管,向他们收取2 000万元,这30万股每年按一定比例、根据业绩考核结果来进行解禁。整个流程中,公司总股本没有发生变化,减少的是流通股份,增加的是限售股份,账面上减少的3 000万元属于激励成本,就相当于把这些现金分期奖励给了高管。如果公司拥有大量闲置资金,现金流比较充裕,进行这样的操作一般不会引发股东的异议。

2. 有利于稳定公司股价

如果公司认为股价被市场低估，完全可以多回购一些股份，一方面，能够向市场和投资者传递"利好"信息，让投资者看到公司真实的投资价值，有助于稳定或提升股价；另一方面，减少了在外流通的股份数量，剩余股票的每股收益率将会上升，使每股市价增加。等到股价升高后再进行股权激励，也等于提前锁定了低成本，对股东有益无害。

3. 有利于解决员工的激励问题

回购的股份主要用于股权激励计划和员工持股计划。在国外的企业中，回购股份的一个重要功能就是用于本公司员工或管理层持股计划。公司将回购的股份交给职工持股会管理，能够充分挖掘回购股份的价值，有利于改善公司治理结构，实现公司价值、员工价值的双赢。

回购的股份也可以作为股票期权或限制性股票授予管理层、骨干员工，有助于进一步完善公司的长效激励机制，增强公司内部的凝聚力和向心力。

三、定向增发：避免股权稀释过多或过快

企业想要进行股权激励，可总的股本数却太少，让人有一种"僧多粥少"的感觉。在这种情况下，定向增发就成了一个不错的选择。

上市公司可以通过向激励对象或员工持股计划定向增发新股，满足其参与股权激励的需要。这种做法也被称为"定增式"股权激励。与股份回购相比，定向增发的流程更加简便灵活，也无须耗费过多的公司资金，不会增加现金流压力，因此，受到众多上市公司的欢迎。2020年以来，多家上市公司将公司高管或大股东纳入定向增发的对象，如珠海英搏尔电气股份有限公司曾将定增对象设为公司第一期员工持股计划和一家高管控制公司，而第一期员工持股计划覆盖了公司的四位高管。除了英搏尔公司外，立昂技术、宏达高科等多家公司也分别推出了涉及公司高管的定向增发方案，其中一些公司的定向增发股份已全部被高管们认购。比如，宏达

第八章　定好来源：股权激励的股份和资金到底从哪里来

高科的《非公开发行A股股票预案》就准备向8名特定对象发行不超过2 658万股。

定向增发的优势是对公司没有盈利方面的要求和融资额的限制，操作时不用通过烦琐的审批，相对来说比较简便。根据2020年证监会定向增发新规，公司只要拟定初步方案，与证监会初步沟通，获得大致认可后即可召开董事会，公布定向增发预案；之后召开股东大会审议，再及时进行公告并向证监会申报。经证监会审核通过，董事会审议通过，即可公告并执行定向增发方案。当然，定向增发主要针对上市公司。如果是非上市公司，则可以采用普通的增资扩股的方式。

高管和员工参与定向增发，可以通过两种方式进行：一种是直接成为定增对象，全额认购定增的股份（有人数限制，根据规定，定向增发对象不得超过35名，可以是自然人、法人或其他合法投资组织）；另一种是借助员工持股计划或高管控制公司认购定增的股份。上面提到的英博尔公司就属于这一类。

定增的新股发行价不得低于定价基准日前20个交易日市价均价的80%，可以此为底线设定新股价格，对高管和核心员工来说也有不错的投资价值，并且很符合他们不断增强的出资能力，会得到他们的认可。同时，定向增发将股东利益、公司利益和高管或员工的个人利益有效结合在一起，让他们能够分享到公司未来发展的红利，也能起到较好的激励作用。比如定增股份锁定期满后，上市公司可以发布一些利好消息或是推出高送转的利润分配方案等，推动股价上涨，提升高管和员工的获利空间，就能最大化激励效果。

从公司的角度来看，高管和员工用真金白银认购股份，既表明他们对公司未来中长期发展持看好的态度，又能够拓宽公司资金来源，有助于解决公司面临的现金流压力。

但是我们也要注意到，定向增发会增加总股数，在一定程度上会影响股权结构的调整，大股东的占股比例将下降，股权会被稀释。比如，某上市公司总股本为3亿股，某大股东持有该股3 000万股，占总股本的比例为10%；2022年，该公司向特定对象发行股票数量为7 500万股，发行后该大股东持有的股票数量不变，但占总股本的比例却下降为8%，也就是出现了"股权稀释"的情况。

不仅如此，在股票定向增发后，上市公司的总股本会有所增加，如果盈利能力和其他条件不变，每股收益也会被"稀释"，可能会让投资者对这只股票失去兴趣，从而造成股价下跌。因此，避免股权稀释过多或过快是定向增发需要注意的问题。

四、资金来源：把握好"风险与利益对等"的原则

股权激励"定来源"，除了要确定股权的来源外，还要确定激励对象参与股权激励的资金来源。

一般来说，无论上市公司还是非上市公司，购买激励股票的资金来源主要应由激励对象通过自筹资金来解决，这也符合股权激励"风险和收益对等、权利和义务对等"的原则。

贵州安达科技能源股份有限公司（以下简称"安达科技"）是一家从事新能源锂电子电池正极材料研发、生产和销售的企业，成立于1996年，最初主要从事黄磷、磷酸等的生产，已经形成了较大的生产规模。受国家产业结构政策的影响，该公司积极进行产业升级，吸引大量人才，进行科技创新，终于实现了从传统产业向新材料产业的转型。

为了进一步建立、健全公司的长效激励机制，吸引和留住优秀的人才，充分调动公司管理层和核心骨干员工的积极性，提升公司的核心竞争力，确保公司发展战略和经营目标的实现，该公司准备实施股权激励，并于2022年8月公布了股票期权激励计划草案。

此次股权激励的对象有72名，其中包括公司董事、高级管理人员和核心员工。有24人为控股子公司的中层管理人员及业务骨干，他们对实现公司整体战略起到了非常重要的作用，因此，也被纳入激励对象的范围之中。安达科技将向全体激励对象一次性授予3 563万份股票期权，不设置预留份额，股票期权的行权价格为13.18元/份。

此次股权激励的考核年度为2022—2024年三个会计年度，公司业绩指标为营业收入或出货量，其中营业收入以2021年营业收入为基准，2022年营业收入需要比2021年增加150%，2022年与2023年营业收入较2021年收入增幅之和达到330%，2022—2014年营业收入较2021年收入增幅之和达到546%；出货量以2021年磷酸铁锂出货量为基准，2022年出货量较2021年出货量增长50%，2022年与2023年出货量较2021年出货量增幅之和达到160%，2022—2024年出货量较2021年出货量增幅之和达到378%。

激励对象的个人绩效考核结果在C或C以上，行权比例为100%；考核结果为D，行权比例为0。若公司层面业绩条件达成，则激励对象个人当年实际可行权数量＝个人当年计划行权数量×个人行权比例。行权时的资金来源也有明确规定，即激励对象应自筹资金，在行权期内以行权价格购买公司股票。

若公司层面的业绩条件未达成，所有激励对象当年均不得行权，期权份额由公司注销，若个人绩效考核结果不达标，当年未行权的股票期权由公司注销。

分析安达科技的股票期权激励方案，可以注意到其在设定行权条件时，对于公司层面的业绩指标，选择了"营业收入"或"出货量"，这与该公司所处的行业特点和发展状况有很大的关系：营业收入指标能够反映该公司的实际运行状况，对于加强营业收入管理、实现公司财务目标有着非常重要的意义；而磷酸铁锂是公司的主要产品，其出货量能够直接反映公司的经营情况和行业地位，可体现出公司的成长性。

另外，对于激励对象的资金来源问题，该公司的规定是由激励对象自筹资金，而且该公司还明确指出"公司承诺不为激励对象获取有关股票期权提供贷款及其他任何形式的财务资助，包括为其贷款提供担保"，这也是符合相关法律、法规的。

根据《上市公司股权激励管理办法》第二十一条规定：

"激励对象参与股权激励计划的资金来源应当合法合规，不得违反法律、行政法规及中国证监会的相关规定。

"上市公司不得为激励对象依股权激励计划获取有关权益提供贷款以及其他任何形式的财务资助，包括为其贷款提供担保。"

但是，非上市公司是不受此限制的，可以通过大股东借款或公司贷款等方式，帮助激励对象解决资金不足的问题，这样既能给激励对象带来极大的便利，又能满足公司内部融资的相关需求。如果采用借款方式，利率可比照同期银行的定期存款利率来制定；如果采用贷款方式，利率可比照同期银行的贷款利率来制定。

另外，非上市公司还可以在公司业绩达标、激励对象绩效考核合格后，与激励对象协商，扣除其年终奖的一部分以解决资金来源问题；也可以设置将激励对象每年的分红优先作为偿还借款用途。此外，非上市公司可引入信托机构为激励对象解决资金来源问题，如公司将可以资金委托给信托机构，由信托机构与激励对象签订贷款融资协议，激励对象将贷款用于行权，之后偿还本息。信托机构扣除相关费用和报酬后，再将资金返还给公司。

非上市公司的资金来源还有很多方式，公司可以在不违反《公司法》强制性规定的前提下，灵活运用各种方式解决问题。

第九章

定好条件：只激励不约束，梦想永远照不进现实

一、授予条件：保证股权激励公平的必要基础

股权激励"定条件"，就是要明确股权授予与行权的条件。就授予条件而言，上市公司可以参考相关法律法规的规定，制定授予条件。比如，按照《上市公司股权激励管理办法》第七条规定：

"上市公司具有下列情形之一的，不得实行股权激励：

"（一）最近一个会计年度财务会计报告被注册会计师出具否定意见或者无法表示意见的审计报告；

"（二）最近一个会计年度财务报告内部控制被注册会计师出具否定意见或无法表示意见的审计报告；

"（三）上市后最近36个月内出现过未按法律法规、公司章程、公开承诺进行利润分配的情形；

"（四）法律法规规定不得实行股权激励的；

"（五）中国证监会认定的其他情形。"

《办法》第八条规定：

"下列人员也不得成为激励对象：

"（一）最近12个月内被证券交易所认定为不适当人选；

"（二）最近12个月内被中国证监会及其派出机构认定为不适当人选；

"（三）最近12个月内因重大违法违规行为被中国证监会及其派出机构行政处罚或者采取市场禁入措施；

"（四）具有《公司法》规定的不得担任公司董事、高级管理人员情形的；

"（五）法律法规规定不得参与上市公司股权激励的；

"（六）中国证监会认定的其他情形。"

非上市公司实施股权激励并没有法定的授予条件，但是在"定条件"时也应当确保公平，避免员工互相猜忌，避免产生内部矛盾。

一般来说，公司可以将工龄、学历、角色、职位层级、岗位分工等因素设为股权激励的授予条件，如可以按照员工的角色类型（如创业元老、核心骨干、家族成员等）来定条件，在股权激励时要把握好各类型员工的比例搭配；又如，可以按照职务层次级别（如核心管理层、高级管理层、中坚层、骨干层、基础层等）来定条件，层次越高，股权激励的力度越大；再如，也可以按照员工不同的岗位分工（如管理岗、技术岗、销售岗、财务岗等）来定条件，在进行股权激励时要配合企业具体的战略需要，对某个岗位的骨干员工进行重点激励。

如果企业规模较大、员工人数众多，或是有条件接近、难以取舍的候选人，上述这些笼统、简单的标准就不适用了，企业有必要制定一些具体的量化标准和科学的评估模型，才能让授予条件更加科学、合理。

以下是某公司在"定条件"时制定的标准，其中包括六个项目，每个项目设有相应的评分：

1. 入职时间评分：公司创业期入职者9~10分，公司成长期入职者6~8分，公司发展期入职者4~6分，公司成熟期入职者1~3分；

2. 岗位级别评分：该公司将员工岗位分为7个级别，最高级别12分，以下每级减2分，基层岗位0分；

3. 重要性评分：员工掌握客户、财务等核心资源加5分，掌握公司核心技术加6~8分；员工对公司做过特殊贡献加4~6分；属于部门第一责任人加5分；所在项目或部门属于公司未来战略重点加5分；属于"不可取代的员工"加3~8分；属于"完全不可取代的员工"加10分；

4. 利润相关评分：按照利润相关程度高低分为5等，最高等级得5分，最低等级得1分；

5. 管理距离评分：在总部不得分，在总部同一城市不同办公区域得3分，在同省不同城市得6分，外省得10分；

6. 其他项目评分：根据行业、企业特性及其他因素，额外给予1～10分的加分。

在具体操作时，该公司规定，员工有任何一个单项的评分得10分，则默认列入股权激励名单中；低于30分者，暂不参与股权激励。

参考上述评分，可以确定授予条件的具体标准至少应当包括以下几个方面。

1. 历史贡献方面的评分

股权激励"定条件"首先要参考员工的服务年限。员工进入企业时间越早，为企业服务的年限越长，付出的时间和精力就越多，对于这种忠心耿耿陪伴企业成长的员工可以给予较高的年限评分，以进一步提高其工作积极性和对企业的忠诚度。

当然，在考虑服务年限的同时，还要评价员工的历史业绩、特殊贡献（如员工通过个人努力改进了某些技术、提升了管理效率等），这样就能够将有所作为的杰出员工和平庸之辈区分开来，也能够让股权激励真正落到实处。

2. 岗位价值方面的评分

员工的职位级别越高，需要承担的责任越大。对此可以设置多维度的考察标准，按照级别高低、责任大小、工作难度、战略影响程度等因素分别进行考察并评分。

按照员工担任的职务，还可以进行横向和纵向的层次评估。比如，横向包括管理岗位、技术岗位、营销岗位等。其中每个岗位大类又可以进行纵向划分，如管理岗位纵向包括高层管理者、中层管理者、基层管理者等，专业岗位也可以按照纵向划分为首席专家、专家、资深主管、高级主管、主管等，每一个层级都可以有各自的评分。

3.能力素质方面的评分

员工的素质能力也是评分时不可忽视的一个维度,如对员工的专业知识能力、领导管理能力、沟通影响能力等都可以给出相应的评分。

除了以上三点外,企业还可以根据自身的实际情况和偏好选定要参考的参数项目,并可以设定各项参数的权重。比如,"历史贡献评分"的权重可以设为20%,"岗位价值评分"的权重设为50%,"能力素质评分"的权重设为30%,再将各项评分乘以权重系数,折算出相应的得分,最后将所有得分加总,即可得到员工的"价值评分",可以作为股权激励授予条件的参考。

采用这样的标准和模型,可以将"授予条件"量化,整个过程会变得更加清晰、明了。而且有了科学的标准,也能够避免过于主观的决策,得到的结果会更有说服力。即使未能获授股权的员工提出了异议,企业也能够给出充分而合理的解释,股权激励就更容易被员工接受、信任,可以发挥应有的激励作用。

二、行权条件:科学界定,才能激励到位

行权条件是股权激励计划中非常重要的一部分,简单地说,行权条件就是激励对象满足某种条件或基于某种情形时才能行使相关的股权权益。上市公司应当设立激励对象获授权益、行使权益的条件。

如果上市公司是分次授出权益的,应当就每次激励对象获授权益分别设立条件;分期行权的,也应当就每次激励对象行使的权益分别设立相应的条件。非上市公司在这方面虽然没有明确的规定,但也可以比照上市公司的做法明确行权条件。

健康元药业集团股份有限公司(以下简称"健康元")是一家大型医药企业,于2001年成功上市,经多年稳健经营,生产规模不断扩大,目

前拥有多个现代化大型制药工业基地，产品远销海内外。近年来，健康元的盈利能力稳步增长，2021年实现营业收入159.04亿元，净利润13.28亿元，扣非归母净利润12.25亿元，同比增长26.72%。

为了进一步巩固优势，促进人才队伍的稳定，推动公司的长远发展，健康元在2022年推出了新一轮的股票期权激励计划，准备向430名激励对象授予5 500万份股票期权，其中首次授予4 950万份股票期权，占拟授予股票期权总数的90%，行权价格设为11.24元/股。

健康元在激励计划中明确列示了股票期权的行权条件，主要包括以下几方面的规定。

第一，公司层面的行权条件，即公司未出现以下任何一种情况方可行权：

1. 最近一个会计年度财务会计报告被注册会计师出具否定意见或者无法表示意见的审计报告；

2. 最近一个会计年度财务报告内部控制被注册会计师出具否定意见或者无法表示意见的审计报告；

3. 上市后最近36个月内出现过未按法律法规、公司章程、公开承诺进行利润分配的情形；

4. 法律法规规定不得实行股权激励的；

5. 中国证监会认定的其他情形。

健康元还特别指出，如果公司发生了上述规定情形之一，所有激励对象在此次激励计划中已获授但尚未行权的股票期权都应当由公司注销。

第二，激励对象个人层面的行权条件：

1. 最近12个月内被证券交易所认定为不适当人选；

2. 最近12个月内被中国证监会及其派出机构认定为不适当人选；

3.最近12个月内因重大违法违规行为被中国证监会及其派出机构行政处罚或者采取市场禁入措施；

4.具有《公司法》规定的不得担任公司董事、高级管理人员情形的；

5.法律法规规定不得参与上市公司股权激励的；

6.中国证监会认定的其他情形。

健康元特别指出，如果某一激励对象发生了上述规定情形之一，该激励对象在此次激励计划中已获授但尚未行权的股票期权都应当由公司注销。

第三，公司层面的业绩考核要求：

针对此次股票期权激励计划，健康元将分年度进行业绩考核并行权，考核指标定为净利润符合增长率，三个行权期均以2021年净利润为基数，行权条件为2022—2024年的净利润复合增长率分别不低于15%；

如果公司未能满足上述业绩考核目标，所有激励对象当年可行权的股票期权均不得行权，由公司注销。

第四，个人层面的绩效考核要求：

健康元对个人层面绩效考核制定的标准有优秀、良好、合格和不合格四档。如果绩效考核结果为"良好"或"优秀"，激励对象的行权比例为100%，即当年可行权的股票期权能够全部行权；如果考核结果为"合格"，行权比例为80%，剩余20%不能行权的部分由公司注销；如果考核结果为"不合格"，公司将取消该激励对象当年行权资格，期权份额由公司统一注销。

从健康元的股票期权激励计划中我们可以清楚地看到，股权激励的行权条件可分为两大部分：第一是公司的主体资格及激励对象的行权资格；第二是公司层面的业绩要求和个人层面的绩效考核要求。只有公司层面的主体资格、业绩要求完全具备，个人层面的行权资格、绩效考核要求完全实现，才算是达到行权条件。否则就会像健康元规定的这样，激励对象将失去当期全部或部分行权资格，不能行权的期权份额则由公司注销。

以公司的业绩考核指标为例，在实践中，公司可以从下列几类业绩指标中选取适合自己公司情况的业绩考核指标。

（1）体现公司营利能力、市场价值的成长性指标，常见的有净利润、净利润增长率、营业收入、营业收入增长率、公司总市值增长率等。

（2）体现股东回报、公司价值创造的综合性指标，常见的有净资产收益率、经济增加值、每股收益等。

（3）体现公司收益质量的指标，常见的有主营业务利润占利润总额比重、现金营运指数等。

以个人层面的绩效考核要求为例，绩效考核通常可根据工作表现、工作能力、工作态度等方面进行综合制定。

科学地界定公司层面的行权条件，可以促使激励对象关注公司成长，分期行权又能够避免激励对象后续出现动力不足的问题。而个人层面的行权条件也提醒了激励对象要注意持续满足岗位能力需求，不能因为参与了激励计划就放松对自我的要求，因而有助于激励对象的自我提升和公司的长远发展。

三、制定科学、合理的绩效考核标准

绩效考核是股权激励一个必不可缺的环节。通过绩效考核，企业能够采用科学的定性、定量的分析方法，对员工的实际工作情况进行准确、合理的综合评价，有助于企业掌握员工的业绩表现、执行能力、工作态度、专业素质等多方面的情况，在股权激励"定条件"的时候就更能做到有的放矢。

第九章 定好条件：只激励不约束，梦想永远照不进现实

绩效考核也是全球企业界、学术界关注的重大课题，国外在这方面的研究主要经历了成本绩效评价阶段、财务绩效评价阶段、战略性绩效评价阶段的变迁，使得绩效考核指标体系进步一步扩充，绩效考核思想和理论得到不断发展。沃顿商学院管理学教授彼得·卡佩利则指出，绩效考核应当适应企业的实际情况，形式可以灵活多变，反映出实时性、个性化，要将考核的重点放在如何更好地促进员工的工作积极性上，而不应当仅仅停留于评价员工在过去的工作表现。

卡佩利教授近年来曾经深入研究过美国德勤有限公司（以下简称"德勤"）的绩效考核方式，在他的调查中，他发现有超过一半的高层管理人员认为企业当前的绩效考核体系无法激发员工的积极性，无法提高员工的业绩。

长期以来，德勤采用的都是年终考评的形式，全公司6万多名员工在每年年初会定下自己的个人目标，然后在每个项目结束后，他们的直属上级会根据目标完成的情况为他们打上一些分数，并对他们的工作表现加上些许评语。到了年终，德勤会召开"共识会议"，在会议上，"顾问组"会根据这些分数和评语对员工们的表现进行对比，然后花费大量时间和精力确定员工的年终评分。

但是这种考核方式显然并不客观，因为上级主管们很容易根据自己的个人偏好给出一些不准确的分数。卡佩利教授就安排了两位高管同时为几名中层管理者打分，结果发现两人所打分数相差超过60%。之所以会出现这么大的差异，是因为每一位主管心中都有自己的标尺，对于评分的宽严程度的把握也都不尽相同，所以，单纯依靠主管的评价显然无法全面反映一个下属、员工的实际工作表现。

不仅如此，员工们每个阶段的工作状态显然也是不一样的，有高潮期，也有低谷期，所以，绩效考核也不能以一时的表现为依据，而是应当对员

工进行实时评价，这要比年终评分更有价值。

正是因为意识到了上述这些问题，从2015年起，德勤对自己的绩效评估体系进行了重构。如今，德勤的绩效评估已经不靠目标、年度总结来进行，而是采用了截然不同的绩效管理工具。比如将主管对员工技能打分，改成让他们对员工采取的行动打分。而且每个大项目完成四分之一时，这种打分就会进行一次。不仅如此，德勤的主管们还开始用与员工频繁沟通、了解并评估其实时工作情况的方式来取代正式的年度考核。

另外，德勤还会将一些无法计算的因素纳入考核指标体系，像项目的难易程度、员工在项目之外的贡献等。这样一来，考核就能够收集更加可靠的绩效数据，而且能够体现更科学、更灵活、速度更快、可以适时调整的优点。这种新的考核指标体系也能够让公司获得更加准确的员工绩效数据，并可以进行有针对性的激励，以充分调动员工的工作积极性。

德勤在绩效考核的问题上已经有了很大的进步，最初他们采取的考核标准不够客观，无法反映员工的实际表现，如果以此为基准激励员工，显然不能达到效果。而在重构绩效考核指标体系后，考核结果不仅能够反映员工的业绩，还能体现其工作态度、责任心、沟通能力、策划能力、成本意识等诸多方面，因而能够更好地为激励指明方向。

由此可见，企业制定绩效考核标准时不能盲目，而是要注意以下几点，才能让绩效考核和股权激励更加科学、合理。

1. 应当明确考核的目的

企业首先必须明确考核的目的，即评估只是管理手段而非管理本身，因此，不能为了考核而考核。在国内，有个别企业将绩效考核当作克扣员工薪金的手段，上班迟到一分钟扣钱，加班却不给付加班费等，这样的考核是对员工合法权益的侵夺，不但会受到员工的反感，还会违反法律法规，是应当坚决避免的。事实上，进行绩效考核主要是为促进企业和员工的共同进步，通过激发员工的能力和积极性来实现企业发展的目标，这是一种双赢的局面，管理者切勿将企业和员工的利益割离开来看待。

2. 建立绩效考核体系

在绩效考核中我们应当注意到考核不是孤立事件，应当与企业人力资源、经营管理、发展战略等都有密切联系，所以，企业应当根据目标责任书将工作目标分解，明确部门间的协作关系，对部门间相互配合提出具体要求及奖惩条件，通过各部门、个人的优秀业绩来实现企业整体业绩最优。

3. 制定科学的绩效考核指标

绩效考核指标应当是切合实际的，即员工通过努力可以在限定时间内实现任务目标，同时指标应当具体明确的，可以方便衡量和与过去、未来的数据相比较。

除了量化指标外，考核还可以有定性指标，但文字描述应当尽量细致、具体，以便操作，尽量不要使用过于简单的"优""良""差"这样的指标，由于每个人的主观看法不同，采用这样不够明晰的指标就可能会使考评人的理解产生偏差。

4. 选择符合企业实际的考核办法

绩效考核的方法有很多种，比较简单和运用普遍的有平衡计分卡、关键绩效指标法、360度考核法等多种方法。关键绩效指标法被哈佛大学名师科普朗称为是"飞机驾驶舱内的仪表，可以让驾驶员更好地把握燃料、空速、高度、学习、目的地等指标"。通过关键绩效指标法从工作职责、工作要求、时间节点等方面设立关键绩效指标，再通过业务价值分析方法设置权重，可以更好地量化衡量营销人员的工作绩效。

平衡计分卡可以看作是关键绩效指标法的有机整合，这种绩效指标体系是由哈佛商学院罗伯特·卡普兰教授和诺朗诺顿研究所所长、美国复兴全球战略集团创始人兼总裁戴维·诺顿共同发展出的绩效管理方法，被《哈佛商业评论》评为"最具影响力的管理工具之一"，它将企业中"财务、顾客、内部过程、学习与创新"四个方面的KPI进行梳理，加入了未来驱动因素，并进行整合考评，因此，更适用于中高层管理者。相比而言，KPI的使用就可以倾向于基层员工。360度绩效考评是综合员工自我评价、同事互评、下属评价、上级评价等多维度考核的方法，评价维度多元化是其主要特征，也比较适用于对中层以上的人员进行考核。

选择何种考核方法，要适合企业的具体实际，并能够客观、有针对性地评价工作业绩。比如，360度考核法是多角度进行的比较全面的考核方法，它是根据各方面的意见填写调查表来完成对员工的考核和评价，能够避免考核的片面性，在具体事实上要注意选择尽可能量化的指标，而且这种方法工作量较大，考核成本较高，管理者可酌情考虑是否选用。

5. 将考核结果与股权激励挂钩

在企业实施股权激励的同时，可以公布绩效考核办法，明确考核的目的、原则、指标、考核方法和考核期间等因素，使激励对象了解绩效考核是在公平、公正、公开的前提下进行的，股权激励将与考核结果挂钩，实现激励与个人工作业绩、能力、态度的紧密结合。

股权激励的激励考核应当由董事会下设的薪酬与考核委员会负责，由委员会工作小组搜集相关考核数据，并对数据的真实性和准确性负责。考核结果将直接影响股权激励的授予和行权，如企业实施股票期权激励，激励对象的年度考核结果为"合格"及以上，则其当年绩效表现达到行权条件，可以申请当年标的股票的行权；若激励对象的年度绩效考核结果为"不合格"，则视为未达到行权条件，取消其当年标的股票的行权资格。

在每次考核结束后，薪酬与考核委员会工作小组需要对激励对象本人进行反馈，这样可以及时发现问题。如果激励对象是因特殊原因导致考核不达标，薪酬与考核委员会可以酌情对偏差较大的指标和结果进行修正。这样才更符合客观实际情况，也更能让股权激励落到实处。

四、将部门绩效与个人绩效有机结合

在进行股权激励和绩效考核的过程中我们应当注意到，不同业务部门因职责不同，对公司的贡献也不同，倘若按照统一标准笼统考核，对于某些部门的员工是有失公平的。因此，进行个人绩效考核不可忽略部门绩效。

对此，组织变革理论大师，哥伦比亚大学教授W.沃纳·伯克指出："管理者应当处理好部门绩效与个人绩效之间的关系，要将部门绩效纳入绩效管理环节予以综合考虑，实现个人绩效和部门绩效的有机结合。"

伯克教授曾经到美国密歇根州的一家公司进行调研，并遇到了这样一件事情：

在该公司，伯克教授了解到人力资源部门对中层管理者的绩效考核采用的是360度绩效评估办法，主要通过与管理者有密切工作关系的主管、二级主管、平级同事及下属打分进行评估，评估权重分别为40%、30%、20%和10%。

可是在这种评估办法运行了一段时间后，人力资源部门却收到了几位中层管理者的反馈。他们认为评估方案不合理，无法反映客观情况。特别是A部门的一位中层管理者罗杰认为自己无论是工作能力、工作态度都不比B部门的西蒙差，但是考核结果却比西蒙低，所以，他申请复核自己的个人绩效。

人力资源部门总监对罗杰的意见非常重视，他亲自对此事进行了调查和了解，最后得出的结论是考核结果无误，所有考核均是按照制度规定的操作程序和考评标准进行的，没有发现任何营私舞弊现象。而且在评估面谈时，罗杰在沟通中对上级主管给自己的评价还是能够认同的。只是事后听说西蒙的考核结果较高，才会感到不服气而申请复核。

于是人力总监又对罗杰做了不少思想工作，终于成功说服罗杰接受了这个结果。可是从那以后，罗杰的工作状态却因为此事受到了不小的影响，他总是对同事说"干好干坏结果都一样，我做好分内事就足够了，不必过分卖力"。

人力总监对于这件事也感到很是困惑，他带着疑问向伯克教授求助。伯克教授对他说："你们公司在绩效考核中只重视个人绩效，却忽略了部门绩效因素，得到的结果自然是不客观的。就像罗杰所在的 A 部门，在工作绩效、员工能力、组织气氛、工作态度等方面都优于 B 部门，这其中的一些难以量化的因素难道和罗杰的辛勤工作完全没有关系吗？可是你们现在评估的结果却否定了罗杰个人对于部门的贡献，也难怪他会感到寒心，不再卖力工作了。"

伯克教授的一番话可以让很多管理者茅塞顿开。的确，在绩效考核中，我们应当注重体现个人绩效与部门、企业绩效的关联性，要让员工充分认识到：一方面，部门需要依托全体员工的努力才能获得发展和绩效提升；另一方面，只有部门的总体绩效获得提升，员工个人的成绩才能获得充分的肯定。如此一来，员工才能自觉地将个人绩效和部门绩效有机结合，会为个人和部门的共同发展贡献出自己的全部力量。

根据伯克教授的思路，企业在进行绩效考核时可以从以下几个方面入手，以更好地处理部门绩效和个人绩效的关系。

1. 确定好部门层面的绩效指标

在进行绩效考核时，企业不仅要确定各种个人绩效指标，还需要确定多种多样的指标来衡量部门目标的完成程度。具体来看，部门绩效指标还可以分为企业级指标和部门级指标等。企业级指标要根据企业战略年度目标和经营目标分解形成，这些指标可以成为一种限制性指标，能够使部门绩效评估结果与企业整体运营结果方向一致，有助于促进各部门通力合作完成企业的战略发展目标。

部门级指标包括常规的 KPI 指标、履职考核、改善措施考核等，这些指标可以使部门主管明确部门的主要责任，并以此为基础，明确部门人员的绩效衡量标准。

2. 赋予部门绩效指标不同的权重

有了具体的指标后，为了进一步进行部门绩效评价，企业还要赋予各种指标不同的权重。比如一些目标性指标，像代表经营活动的结果或目标的指标应当占据较大的权重，而代表达到目标所需要的条件或手段的指标占据的权重则相对较小。再如，某公司将部门关键绩效指标权重定为 60%，而部门计划执行情况的控制指标权重则仅占 10%。

但是由于每个企业所属行业、经营状况、发展阶段各不相同，在制定指标和分配权重时也就没有统一的标准，所以，企业可以权衡内外部环境及指标自身的变化规律来进行科学的安排和评估。

3. 将部门绩效与个人绩效紧密相连

在制定了指标和权重后，企业可以计算出组织绩效调节系数，在确定个人考核结果时，可以采用适当的算法将部门绩效因素体现其中。比如，在本节案例中的这家公司，人力资源部门在伯克教授的指导下，制定了一个绩效调节系数，即将员工绩效考核结果乘以一个"部门绩效调节系数"来计算最后的结果。如 A 部门业绩优秀，员工工作积极性高，经过一系列指标计算后得到绩效调节系数为主管 1.8，员工 1.5；而 B 部门业绩良好，绩效调节系数为主管 1.5，员工 1.2；C 部门业绩较差，调节系数为主管 0.6，员工0.8……这样得到的结果就能够反映部门绩效情况,无论主管还是员工都会觉得绩效考核结果比以前更加客观了。

当然,计算得到的最终结果还要与薪酬、与股权激励直接挂钩,这样各级主管、员工才能更加明确地意识到,自己的利益所得与部门绩效是紧密依存的,部门绩效情况越好,员工所得就会越丰厚,因此,就可以引导他们关注整个部门、企业的绩效,而不会只将眼光集中在自己的个人得失之上。

五、引入"海氏评估法",解决公平问题

在进行绩效考核时,为了确保公平,企业还可以引入在国际上使用非常广泛的岗位评估法——海氏评估法。这套评估方法是美国顶级薪酬专家爱德华·海在20世纪50年代初研发的,很快就在美国制造企业中得到了广泛应用。经过多年发展、完善,如今全球众多企业都在采用这种方法,有数据显示,在世界500强企业中,已经有三分之一引入了海氏评估法。

海氏评估法也称"海氏三要素评估法",这三要素是指评估时要参考的三大维度,分别是员工的"知识水平和技能技巧"、员工"解决问题的能力"及员工"承担职务的责任"。三者之间的关系与制造企业的生产流程非常类似——生产流程需要投入原材料,经过生产加工的过程,最终产出产品,而知识和技能相当于员工对公司的"投入",解决问题相当于员工生产加工的"过程",承担的职务责任就是员工的"产出"。

为了让每个大维度变得更加清晰、明确、便于量化,爱德华·海等专家又在其下设置了更细小的维度,具体如下。

第一,知识水平和技能技巧。

1.专业的知识技能,即从事该职位需要掌握的理论、方法和专门性知识,可以划分为八等(前四等属于专业等级,从高到低分别是H等、

G等、F等、E等；后四等属于业务等级，从高到低分别是D等、C等、B等、A等）。如技术含量不高的普通操作工会被评为A等，而对知识技能要求很高的研发工程师就要从E等开始向上评级，至于权威专家则会被评为H等。

2. 管理技巧，即与管理有关的能力和技巧，包括计划、组织、执行、控制及评价等，可以划分为五等（从高到低分别是E等、D等、C等、B等、A等）。像财务部经理的组织和管理能力对部门有较大影响，需要从C等开始向上评级，而集团总裁等至关重要的管理职位会被评为A等。

3. 人际关系技巧，即与人际关系相关的能力和技巧，包括激励和培养下属、协调部门间的工作、处理各类关系等，可以分为三等（从高到低分别是C等、B等、A等）。像人力资源部门的经理需要经常与人打交道，人际交往时间长、频率高，对公司的影响大，往往会被评为最高等级。

第二，解决问题的能力。

1. 思维环境，主要考察员工思维是否受到环境的限制，可以分为八个等级（从高到低分别是H等、G等、F等、E等、D等、C等、B等、A等）。像公司后勤主管的思维容易受到各项规定的影响，这方面的评级可能会低于C等；而研发人员的思维往往不会受固有框架的限制，评级一般会高于F等。

2. 思维难度，主要考察员工创造性思维的使用程度，需要根据从事该职位遇到问题的新旧程度、复杂程度、频繁程度等因素来评判，具体分为五个等级（从高到低分别是E等、D等、C等、B等、A等）。像品质检验员在工作中遇到的多是一些重复性、模式化的问题，所以，评级多为A等、B等；销售代表可能要应对突发情况，还有可能要解决以前没有先例的问题，所以，评分多是C等、D等。

第三，承担职务的责任。

1.行动的自由度，即员工在该岗位上能不能自由选择行动方案，需不需要受到他人的指导和限制，这可以分为九个等级（从高到低分别是 I 等、H 等、G 等、F 等、E 等、D 等、C 等、B 等、A 等）。像战略发展部经理需要自由制定战略规划，这方面的评级一般在 G 等以上；薪酬专员要受到人力资源经理的管辖，行动自由度相对低一些，这方面的评分一般在 E 等以下。

2.职务责任，即员工的行动造成的影响和应当承担的责任，可以分为四等（从高到低分别是 D 等、C 等、B 等、A 等）。像生产部经理决策失误，可能会给公司造成比较严重的影响，一般被评为 C 等；而普通的库管员发生失误后，虽然也会给公司造成损失，但影响一般较小，所以，会被评为 B 等或 A 等。

3.职务对结果的作用，即员工从事的职务对工作结果的影响程度，可以分为四等（其中包括直接影响，从高到低分别是 D 等、C 等；也包括间接影响，从高到低分别是 B 等、A 等）。像公司门卫一般属于 A 等，人力资源经理属于 B 等，公司总裁属于 D 等。

了解了这三个岗位评价要素后，我们还要注意，对于不同的岗位，三种要素所占的权重不尽相同。比如对于公司副总、生产厂长等重要职位，其承担职务的责任就要比前两个要素更重要（这被称为"上三型"职务形态）；而研发员、市场分析员这样的职位，前两个要素就要比承担职务的责任重要一些（这被称为"下三型"职务形态）；此外，还有"平路型"职务形态，即三种要素的重要性基本相当。因此，我们在对某个岗位评分时，要先对三个要素赋予权重，像对负责生产的厂长岗位，前两个要素可以赋 40% 的权重，用 α 表示，后一个要素赋 60% 的权重，用 β 表示。

由此得到一个计算最终评分的公式：$\alpha A \times (1+B) + \beta C$。其中 A 是之前对知识水平和技能技巧要素进行综合评级后，再查阅对应表格得到的分数。以公司营销副总监为例,其专业知识技能为 G 等,管理技巧为 D 等,人际关系技巧为 C 等,查表格可知分数 A 为 1 056 分。

同理,公式中的 B 是解决问题能力的评分,是一个百分数,C 是承担职务的责任方面的评分。将它们代入公式,就可以计算出某个岗位的最终得分。

那么,股权激励如何与海氏评估法相结合呢?我们可以先对每个岗位进行评分,再计算出某个岗位评分占总评分的百分比,然后用得到的结果乘以激励总股数,就可以算出这个岗位的应激励股数了。比如,某个岗位的评分为 1 566 分,占总评分的 15.78%,而公司准备拿出 15 万股进行股权激励,那么该岗位的应激励股数就是 150 000 × 15.78%=23 670 股。

在实践中,公司可以成立评估小组,先进行"试评估",一方面,可以熟悉流程;另一方面,也能树立一个评估标准。之后可以按照这个标准进行多次评估,就能避免出现较大的偏差。另外,在评估某个岗位时,可以让岗位负责人加入其中,也可以聘请专家、顾问,使评估结果更客观、更专业。

此外,在实践中应用海氏评估法时,我们还可以结合行业特征、企业特点、人员结构等因素,设置一些调整系数,让获得的分数更能够反映企业的实际情况,激励结果也更容易获得激励对象的认可。

六、综合评定:防止激励对象"搭便车"行为

美国经济学家曼柯·奥尔逊在《集体行动的逻辑:公共利益和团体理论》一书中提出了"搭便车"理论,自身不付出成本,却可以坐享他人利益的行为。

在实施股权激励的过程中,"搭便车"现象并不少见。很多企业在确定激励对象时,常常会划定一个范围,如中高层管理人员、研发人员、技术人员等,被划入这个范围的激励对象也就享有了股权激励的资格,然而,

我们应当注意到，这些激励对象在能力、积极性、责任心等方面可能存在参差不齐的情况。如果进行简单的划定，就会让能力不足、表现不够突出的对象"搭便车"，而其他优秀员工的利益却会遭到侵蚀，结果不但达不到应有的激励作用，还有可能在员工内部引发不必要的矛盾。因此，企业在股权激励"定条件"时一定要注意防范这种"搭便车"行为。

> 针对股权激励中可能出现的"搭便车"问题，美的集团股份有限公司（以下简称"美的集团"）的对策是采取不同层次的股权激励。
>
> 比如对公司总裁及总经理级别的核心高管，美的集团采用了"合伙人计划"，以利益共享的方式对其进行激励。公司从年度利润中计提专项基金，用于从二级市场购买股票，再按照考核结果发放给高管，这样高管个人的收益就与公司整体业绩息息相关，他们会成为公司的事业带头人，以提升公司业绩为己任，而股权分期归属的设置又加深了高管与公司之间的"绑定"，有助于核心团队的稳定。
>
> 对中高层管理人员，美的集团采用了限制性股票激励模式，由公司按照一定的条件向激励对象定向发行新股，员工自筹资金以低廉的价格购买，这样就将个人与公司利益进行了捆绑，约束力越强，激励程度也越高。
>
> 对于研发、制造、品控部门的骨干员工和其他重要的中基层员工，美的集团采用了股票期权激励模式，由于激励范围加大，美的集团对考核指标进行了合理的调整——逐渐弱化公司总体指标的权重，同时增强部门、个人指标的权重，形成企业、事业部及个人的三层次指标体系，这样就能从根本上避免"搭便车"的情况发生。
>
> 美的集团的股权激励能够良好匹配公司的发展战略与业务重点，在不同的发展阶段、针对不同的业务重点，选择了恰当的激励对象、激励模式，配合适当的考核机制，因此，能够取得良好的效果，对于提升公司业绩也发挥了积极的作用。

第九章 定好条件：只激励不约束，梦想永远照不进现实

美的集团在进行股权激励的过程中，没有笼统地划定激励对象的范围，也没有简单地将股权激励和岗位挂钩，而是将激励对象适当拉开层次，每一层次各有激励的侧重点，采用的激励模式、股权来源、资金来源、分配方式等也各有不同。这样就能够让个人贡献更好地对应所得报酬，每个激励对象都需要积极发挥自己的作用才能有所收获，不存在坐享他人劳动成果的可能。

企业进行股权激励，可以参考这样的分层次激励法预防"搭便车"现象，也可以根据自身实际情况确定好激励人员的进入条件和分配数量，但务必注意以下几点。

1. 不要让股权激励成为"企业福利"

企业首先应当明确一点，股权激励不同于各项福利措施，它并不是面向全体员工的，而是对少数员工的激励措施，这些员工要么处在关键岗位，能够发挥重要的作用，要么能够对公司发展做出突出的贡献，他们可以是企业的核心高管，也可以是不可替代的技术骨干，还可以是新兴市场的开拓者……所以，企业在实施股权激励时，就不能盲目地搞"一刀切"，而应根据不同员工的作用和贡献，确定激励对象的人选，尽可能多地向核心员工、优秀员工倾斜。

2. 不要让股权激励变成"大锅饭"

股权激励不可能形成"人人平均持股"的状态。如果激励对象的分配数额不能拉开差距，就不能体现股权激励的优越性，能够起到的激励效果也会非常有限。所以，企业应当根据公司的发展战略、财务状况等进行客观分析，再结合员工考评结果和参与意愿，确定每个人的股权激励数量。

比如，企业可以将员工过往作出的贡献加入考核系统，使贡献大小能够与股权激励数量挂钩；再如，企业需要对员工的岗位价值进行横向、纵

向的综合评定，包括岗位职责大小、决策关键性、经营业绩比重等，并将评价结果与股权激励数量直接挂钩。

总之，股权激励一定要体现出对核心员工、高价值员工的倾斜，才能够起到"激励少数人，唤醒多数人"的作用，也能够防止在股权激励的过程中出现吃"大锅饭""搭便车"的现象。

第十章

定好机制：股权激励需要一整套机制的配合

一、进入机制：选对人设定标准，不要把激励当作福利

股权激励的顺利运行，离不开有效的进入、运行、调整和退出机制。以进入机制而言，拥有一套成熟、稳定的机制，不仅能够让股权激励进行得更加顺利，还能让员工清楚地了解自己享有的权益和需要为此付出的"代价"，因此，更能够达到激励的目的。

然而，现在很多企业在这方面却有很大的欠缺，有的企业甚至没有相应的协议及配套文件，股权激励仅限于口头上说说，出现分歧的双方往往各执一词，最终不但没能达到激励的目的，而且容易造成不必要的纠纷，也会引起人才流失。也有一些企业虽然让激励对象签署了文件，但没有做好解释工作，使得员工糊里糊涂地接受激励，却不知道这对自己究竟有怎样的好处，导致激励失去了意义。

因此，在实施股权激励前，企业一定要制定一套完备、高效、低风险的进入机制，尽可能地明确企业和激励对象双方权利与义务。

2009年，胡某从某大学计算机系毕业，随后加入了一家互联网公司，在研发部门工作。该公司正处于高速发展期，才华横溢的胡某也得到了展现自我的机会，他提出的技术方案获得了客户的认可，为公司带来一笔巨额收入，胡某也因此获得提拔，成为研发中心副总监，负责开发重要项目。

然而，该公司提供的薪酬水平在业内并不算高，为了留住胡某等优秀的人才，公司提出"向前看"的发展战略，鼓励员工用低工资加股权激励的方式代替高薪。股票分为原始股和分红股两类，分红股离职时会收回，胡某凭借自己突出的贡献累计获授原始股50万股，分红股20万股，还享受过分红。

2014年，公司内部进行了一次重大调整，胡某对新职位不太满意，萌生了离职的想法。总经理对他进行了挽留，但胡某执意离去。此时股权激

励的兑现成了问题，尽管总经理许诺"股票可以卖的时候会通知你"，但胡某却一直没能等到通知。此后的六年里，胡某与总经理助理保持联系，经常询问股权激励的兑现进展，但始终得不到满意的答复。

无奈之下，胡某只得选择上诉，但因为他拿不出有力的证据证明自己确实获得了股份，一审、二审都败诉了。

这家公司的股权激励就缺乏规范的进入机制，授予股权时采用了口头要约的办法，对员工既不尊重，又不负责。像这样去进行股权激励，是无法起到激励人心、留住人才的作用的。

那么，股权激励的进入机制应当如何搭建呢？以下三点是企业需要特别注意的。

1. 应当与员工进行充分沟通

在与员工签署书面协议之前，企业应当与员工进行充分沟通。签署协议前，企业要详细告知员工股权激励的相关事宜，如激励对象是如何选定的，本次股权激励采用何种模式，公司和创始人愿意为员工提供怎样的利益，员工接受激励后能够享有怎样的权益等。如果激励对象较少，可以通过一对一的形式沟通；如果激励对象众多，则可以召开会议进行整体宣讲，并可以将股权激励的流程做成直观的图表，方便员工理解。沟通的结果也要记录在案，并可以要求员工签字，这样也能留下充分的依据，避免日后出现不必要的争论。

2. 应当准备并签署书面协议

股权激励方案落地时，企业与员工应当签署书面协议及配套文件，切勿只用口头约定的办法来做激励。书面协议可以兼顾很多细节，也能为双方免去不少麻烦。而且拥有书面协议，员工对股权激励也会更加重视，不会认为这是企业在给自己"画大饼"。

企业可以根据激励模式选用相应的书面协议，比如采用实股激励，股权来自现有股东转让的股权,那么需要准备股权转让协议;如果股权来自定向增发,则需要准备相应的增资协议。在协议中需要明确享有的权利和义务;再如采用虚拟股权激励,也需要准备好激励协议书,在其中说明员工接受股权激励能够获得的分红权等权益。

3.应当准备好一套"生效机制"

股权激励正式生效也需要有一套完善的流程,如需要股东会审议通过,向全体员工公示,股权激励计划、股权转让协议等书面文件一定要签署盖章,之后要及时办理变更股东名册、公司章程、工商登记等。

此外,企业还应设计"授予程序",也就是制造一种"仪式感",在正式的场合与激励对象签署股权激励授予协议,再做好信息同步,使员工能够从心理上相信股权的价值。

在完成授予之后,如果公司业务发生了重要的转型,或是获得了新融资,或是有一些大的举措,都应当及时向员工说明,因为这些事项会影响员工拥有的期权的账面价值,与员工利益息息相关,所以,一定要保障员工在这方面的知情权。这样员工才会有更多的"安全感"。

二、调整机制:确保激励计划面对变化平稳运行

万事万物总是处在不断的发展变化之中,企业也不例外。随着内外部环境的演化,企业的各项战略需要及时进行调整,股权激励计划也需要进行相应的动态调整,才能成为企业发展的"助推力",而不是"阻力"。

另外,团队也会面临人员变动的问题,在更多的优秀人才加入的同时,一些员工会因为各种各样的原因出现职位变动或是选择离职,这也会引起激励范围的改变,所以,股权激励需要设定好动态调整机制,在面对变化时才能平稳、高效地运行。

第十章 定好机制：股权激励需要一整套机制的配合

江西煌上煌集团食品股份有限公司（以下简称"煌上煌"）创办于1993年，经过多年发展，在市场上占有重要地位，生产的酱鸭等产品深受消费者的欢迎。2012年9月，该公司成功在深交所挂牌上市，成为酱卤肉制品行业第一个上市公司。

此后公司规模不断扩大，先后在全国建立了六个现代化的食品生产加工基地，人才队伍快速扩充。为了满足公司可持续发展的需要，不断吸引优秀人才和留住核心骨干人才，提升员工凝聚力和公司竞争力，该公司在2021年通过了员工持股计划相关议案，根据之后的实施进展，公司又决定对员工持股计划进行调整。

调整前，参与员工持股计划的总人数为"不超过227人"，调整后变为"不超过180人"。其中，董事、监事、高管的激励人数不变，主要是中层管理者、核心骨干和关键岗位的激励人数减少。

从激励对象所获份额及对应的股份比例来看，调整前董监高9人认购份额为1604.67万元，占总认购份额的16.05%，对应的股份比例为0.27%；中层管理人员及其他核心骨干员工或关键岗位人员认购份额为8395.32万元，占总认购份额的83.95%，对应的股份比例为1.43%。调整后董监高认购份额为1257.68万元，占总认购份额的23.73%，对应的股份比例为0.33%；中层管理人员及其他核心骨干员工或关键岗位人员认购份额为4042.32万元，占总认购份额的76.27%，对应的股份比例为1.07%。可见，激励范围虽然有所缩小，但董监高个人的激励效果却得到了增强。

另外，总的授予份数有所减少，从871.08万股下降为716.4万股，主要是为了设置预留份额，以便于后续对新进人员进行激励。同时员工持股计划的授予价格从11.48元/股调整为7.31元/股，说明激励的弹性变大，而这也与前期股价下跌较多有一定的关联，将价格下调可以更好地鼓励核心员工参与持股计划。

煌上煌的股权激励调整更符合公司未来的发展趋势和人才培养战略，有利于公司继续保持稳健的发展速度。需要注意的是，此次股权激励计划的调整并没有改变原定的业绩目标，这也能够说明公司对于未来的增速仍然充满信心。

在煌上煌的股权激励调整中，需要重点关注以下几个方面。

1. 股权激励对象的调整

进行股权激励，需要把能够发挥关键作用，或是能够为企业创造价值的激励对象都纳入其中，而在企业发展的不同时点，激励对象的范围会有所变化，因此，企业有必要设置动态的调整机制，既要充分激发高管们的积极性，又要把老员工的热情调动起来，同时还可以像煌上煌这样预留一些份额，让后续进入企业、为企业作出贡献的新员工也能够得到有效的激励。

2. 股权激励数量的调整

股权激励数量的调整包括总量调整和个量调整两个方面：首先，企业要根据所处的发展阶段、产业布局、发展战略等对"总量"进行动态调整；其次，企业需要针对不同的激励对象的特点进行适当的"个量"调整。

比如，某激励对象为企业作出了重大贡献，或是在团队中发挥了关键作用，或是职务得到了提升，企业在进行个量调整时就应当对其加大激励力度，使激励对象能够产生更大的干劲儿，同时也能为其他员工树立良好的榜样。

但如果激励对象态度消极，对待工作十分敷衍，不能发挥自身的作用，无法为企业创造价值，在进行个量调整时就可以对其减少激励力度，甚至可以让其退出股权激励。比如激励对象连续一定年限的绩效考核结果、能力素质考核结果均为"不合格"，企业就要根据考核系数对应表，对其持有的激励股权数量进行调整。激励对象若出现重大违法、违规的行为，或是严重违反公司制度，或是有重大失职、渎职行为，不再适合继续持有企业股权，企业还将对其股权进行回购。这样也能够对其他员工起到"警示"作用，使他们明白，即使获得了股权激励，也不代表可以一劳永逸地享受公司提供的可观收益。

3. 股权激励价格的调整

在股权激励的调整机制中，对于价格的调整也是比较常见的。如公司有派息、派送股票红利、配股的情况，或是出现资本公积金转增股份等，股票的市价、总股本将受到影响，此时，股权激励的价格就可以做出相应的调整。像 2021 年美的集团实施利润分配方案，向全体股东每 10 股派发现金 17 元，相应的股权激励计划的行权价格就由 51.88 元 / 股下调为 50.21 元 / 股。

必须指出的是，在进行股权激励调整机制的设计时，非上市公司有较大的操作弹性，而上市公司则一定要严格按照相关法律、法规进行激励股权的调整操作。

三、退出机制：好聚要好散，合理安排退出机制

俗话说："铁打的营盘，流水的兵。"在任何一家公司，人员的退出、更替都是一件非常正常的事情。那么，之前用来激励这些人员的股权该如何收回？收回的股权又该如何处理？

这些问题都需要企业在施行股权激励之初就要做好设计，只有拥有了合理、合法、有效的退出机制，才能让企业与退出的员工达到"好聚好散"的理想结局。不仅如此，成熟的退出机制也能起到一定的激励作用，像很多人才会非常关心股权激励的变现，即"退出通道"的问题，如果企业能够尽早明确这些问题，也能为人才免去不少后顾之忧。

华为技术有限公司（以下简称"华为"）从1990年起开始采用实股进行股权激励，但退出机制最初并不完善，由此导致了很多明显的问题：一方面，员工离职后仍然拥有股权，继续享受企业的利润，这对其他员工特别是新员工是很不公平的；另一方面，老员工的积极性会减弱，直到成为任正非口中的"沉淀层"，这对企业的长远发展十分不利。

为此，华为积极做出改变，从1997年起进行股权改制，到2001年正式实施虚拟股期权计划，员工所持有的原股票被逐步消化吸收转化成虚拟股。也就是说，员工拿到的"股权"并非真正意义上的股权，而是企业利润的分红权。员工只有在华为任职期间，才能参与分红，如果选择离职，公司会对其股权进行回购。另外，华为还从2008年开始实行岗位饱和配股，根据员工的级别设置配股上限，达到该上限后，就不再参与新的配股。

从2013年起，为了让股权激励能够充分发挥作用，华为又推出了时间单位计划，对员工获得收益的时间进行了限制（五年为一个结算周期）——第一年为"等待期"，员工被授予一定份额的股权，无须出资，但也不享受分红；第二年到第五年为"解锁期"，分别享受1/3、2/3、3/3和3/3的分红。同时第五年华为将对股权进行回购，员工还能额外获得股本增值的收益，之后员工退出当期时间单位计划，其中特别优秀的员工能够获得其他更有效的激励方式。这样的设计不仅能够满足新员工的需求，还能够避免老员工坐享收益、不思进取。

华为的做法告诉我们，在股权激励的设计问题上，容不得半点儿草率的行为。企业很有必要设计好股权激励的退出机制，特别是要重点解决以下这几个问题。

第一个问题，什么情况下员工可以正常退出？什么情况下员工必须无条件退出？

（1）正常退出

员工与公司正常解除或终止劳动关系属于"正常退出"的情况，一般员工写好申请，经公司董事会批准同意即可退出。

比如员工主动提出辞职，也不在公司下属单位及关联公司任职；再如员工未打算离职，但自身面临资金压力，需要退出将股权变现，这类退出情况都可以与公司约定解决。

（2）过失退出

员工自身考核不达标，被公司解聘离职；或是员工犯有严重过失，对公司利益造成较大损害而被公司辞退，都属于"过失退出"。公司不但可以强制收回员工持有的股权，而且有追究其法律责任的权力。

（3）特殊情况

员工因公导致劳动力丧失，或是员工退休、病故、死亡等特殊情况，可以按照之前的约定正常退出；公司也可以出于人性化考虑，同意员工保留股权。

第二个问题，退出方式可以有哪几种？

员工退出后，对于其股权，可以有以下几种处理方式。

第一种，溢价回购。

员工正常退出或是因为病退等情况退出，这样的退出对企业造成的损失较小，企业可以通过溢价回购的方式收回员工已行权的股权，尚未行权的部分则可以直接撤销。

也就是说，员工正常退出时可以通过出售股权来套现获利，这是对员工为企业作出的历史贡献的肯定，对于员工来说也是一种很好的激励。

当然这种做法也会在一定程度上加重企业的财务压力，所以，需要设定相关的行权条件，并要加上"锁定期"的限制，才能避免有"钻空子"

心理的员工在取得股权后立刻套现退出，而那样也会使股权激励的意义发生变质。

第二种，直接收回或原价回购。

对于过失退出的员工，公司可以直接收回其没有行权的股权，对于已经行权的部分，一般按照原价回购。这样的处理方式对企业来说是最简单、风险最低的，同时也能对其他员工产生一种"负向激励"作用——提醒他们努力工作、避免犯错，否则一旦犯下严重过失，企业是有权采取强制措施处理激励股权的。

第三种，员工转让股权。

除了以上两种情况外，被激励的员工还可以把自己的股权转让给他人，不过这种方式必须在预先约定好的转让条件下进行，不能随意转让。比如约定好只能转给企业激励计划中的其他员工，而且要经过1~3年的锁定期后才能自由转让等。

第三个问题，退出价格如何确定？

员工退出时，对于还没有行权的那部分激励股权，企业可以无条件收回，不需要支付任何代价。而对员工已经行权的那部分股权，企业必须约定一个明确的退出价格。

对于上市公司来说，退出价格可以通过市场上的股票流通价格来衡量；对于非上市公司来说，退出价格的确定比较复杂，一般可以按照以下标准来计算：

（1）以公司的注册资金定价；

（2）以员工实际出资金额的本金加上一定的利息作为退出的价格；

（3）以员工退出时公司每股净资产的价格作为定价基础，计算激励股权的价格；

（4）以公司最近一轮融资估值为基础，计算退出时的股权价格。

此外，企业也可以和员工约定一个固定的金额，或者约定好固定的价格计算方式，这样双方对于退出价格都不会再有争议。

需要提醒的是，为了方便操作，退出机制中还应预先设立好明确的退出时间节点，比如何时收回股权，何时支付股权转让款项，何时办理工商变更登记时间等。企业只有对这些细节做好细致、周详的约定，才能既达到激励效果，又能避免事后争议。

四、家族企业的股权激励与内部利益协调

家族企业是一种普遍存在的企业组织形态，无论是在西方发达国家，还是在发展中国家，家族企业的存量都非常可观。据统计，由家族所有或经营的企业在全球企业中的占比在65%～80%，而全球500强企业中，约有40%是家庭所有或经营的企业。

家族企业为全球经济发展作出了重要的贡献，也提供了大量的就业岗位，但家族企业也有一些固有的特点，像组织部门设置较为简单、关键岗位基本由家族成员担当、股权高度集中在少数家族成员手中等。

那么，家族企业是否适合进行股权激励呢？答案是肯定的。股权激励能够将外来员工的利益与企业的利益连接在一起，使员工能够逐渐摆脱"我只是个外人"的想法，树立起与企业同发展、共命运的心态，有助于提升企业的凝聚力。不仅如此，股权激励还能让企业完成"文化再造"的重任，狭隘的"家族文化"终将被"企业文化"代替，有助于企业不断提升管理、改进各项制度，对健康、长远的发展非常有利。

> 迪阿股份有限公司（以下简称"迪阿股份"）成立于2010年，主要从事珠宝首饰的定制销售、研发设计，旗下的"DR钻戒"已成为国内知名珠宝品牌，在国内开设的门店超过了350家。迪阿股份的实际控股人是张国涛和卢依雯夫妇，夫妻二人合计持有迪阿股份88.42%的股份，股权结构高度集中，同时张国涛也是迪阿股份的董事长兼总经理。

自2017年起，迪阿股份已经进行了两次股权激励。第一次激励对象包括高级管理人员、公司核心骨干和一线门店的业务骨干共15人，授予数量414万股，价格为1.67元/股。约定在公司上市前，激励对象不得出售激励份额，上市后一年内所持有的财产份额不得转让。

第二次激励对象包括公司高管、总部核心骨干共13人，他们对公司作出过杰出贡献且综合素质较高。这次股权激励的授予数量为279万股，价格为1.67元/股。约定激励对象在五年内不得出售激励份额；激励对象所持有的财产份额所间接对应的公司股票上市后三年内不得转让。

分析迪阿股份的股权激励机制可以发现，该公司设置的激励范围比较合理，两次激励覆盖多层级的核心员工，且更加注重对管理人才的激励，有利于保障公司核心团队的稳定。另外，该公司在股权激励方案中设置了比较完善的流转、退出机制，既能够达到激励的目的，又能对员工起到一定的约束作用，还不会动摇公司股权结构。

实施股权激励后，该公司业绩增速明显，2018—2020年营收连年走高，净利润从2018年的2.73亿元增长到了2020年的5.63亿元。2021年前9个月净利润就达到9.9亿元，比2020年同期增长了218.36%。

迪阿股份飞速发展的成功案例向我们证明了家族企业也能够做好股权激励。但这并不代表家族企业就可以盲目地实施股权激励，想要通过股权激励摆脱桎梏、激活企业生命力，既需要创始人具备一定的魄力，又需要做好慎重的思考和规划。

1. 要解决好股权激励和家族控制之间的矛盾

家族企业发展到一定阶段，股权激励提上日程，但这无疑会削弱一部分家族股东的控制权，也会引起一些家族股东的抵触，严重时可能导致家族企业分崩离析。为此，股权激励一定要解决好"定数量"的问题，这样既能够拿出有限比例的股权激励员工，又不至于让家族对企业的控制权发生严重动摇,而且股权结构趋稳也能够起到"稳定军心"的作用,更容易让企业受到投资者的信赖。

同时,股权激励要解决好"定模式"的问题,如可以采用虚拟股票、股票增值权模式,激励对象不享有表决权,不能以股东身份参与企业的经营管理,这样不但不会削弱家族股东的控制权,而且不会改变公司的股权结构,实践操作起来简便有效。

2. 要解决好家族成员与外来员工之间的矛盾

家族企业在股权激励"定对象"时应当格外谨慎,有的家族企业将激励对象几乎全部定为家族成员,难免会被其他员工怀疑其"合理性"。要知道,公司业绩的提升离不开所有员工的共同努力,家族企业也不例外,想要调动各级管理者、骨干员工的积极性,留住核心人才,吸引未来人才不断涌入,家族成员就需要破除狭隘的"小家"意识,甘心与员工共享利益。为此,企业应当注意对核心骨干做好激励,并要根据其担任的职位、所起的作用、具备的能力、未来的成长性等因素适时调整股权比例,让对企业忠诚也富有能力的"外来员工"能够充满干劲,和家族成员并肩作战。

3. 要设置一套完善而合理的机制

家族企业实施股权激励,一定不能让人产生开"空头支票"的感觉。为了达到理想的激励、制约效果,家族企业应设定合理的行权条件、进入和退出机制等。比如,行权条件不宜设置得过于苛刻,以免引起员工的不满,避免刺激核心人员离职,给企业造成严重损失。

除此以外,企业还要制定科学完善的绩效考核制度,才能为股权激励保驾护航。在具体操作时,由于每个企业都有自身独特的情况,再加上企业可能正处于不同的发展阶段,会有相应的战略目标,所以,不宜照搬照抄其他企业的成功做法,而是要结合自身实际情况进行合理调整。有必要的话,家族企业可以寻找专家或咨询机构量身打造一整套股权激励方案,会起到更好的效果。

五、阿米巴如何进行股权激励设计

阿米巴，本是一个生物学概念，即阿米巴虫，属于原生动物变形虫科。这种虫身体柔软，形体可以随意变换，还能向各个方向伸出伪足，所以也被人们称为"变形虫"。

稻盛和夫很看重"阿米巴"这种灵活的特性，将其引入企业经营管理中，提出了"阿米巴经营模式"。简单地说，该模式就是将公司"打散"，把部门拆分成一个个独立进行财务核算的经营体，这样企业组织就能随着市场环境变化不断"变形"，提升生存、发展的能力；而普通员工也有参与经营的机会，能够大大提升积极性、创造力。

1959年，稻盛和夫在几个好友的帮助下，创办了京都陶瓷株式会社（京瓷）。在最初的几年里，稻盛和夫遇到了很多困难，员工们对待遇也很不满意，向他提出了强硬的要求。稻盛和夫与员工展开谈判，用三天时间才说服他们留在公司。事后他的心情却非常沉重，他意识到公司的存在，并不仅仅是为了实现他个人的梦想，还应当保障员工及其家庭的生活，要为员工谋求物质与精神两方面的幸福。只有这样，员工才会把公司当成"自己的家"，会把自己当作一个经营者而努力工作。

从那以后，稻盛和夫就开始思考如何改变经营者与普通员工的关系，如何让员工产生当家作主的意识。"阿米巴经营模式"就是他思考和探索的结果，他将组织分成一个个阿米巴小组，每个小组在公司内部的采购或出售都按市场价格计算，这样就能算出小组的营业额，扣除各项费用可以得到小组的利润。于是每个小组都成了一个独立的利润中心，像微型企业一样进行经营活动。小组每月的经营情况、每个小组创造的利润占公司总利润的百分比都会公布出来，供员工们参考比较。如此一来，每个员工都需要像经营者一样思考如何降低成本，如何提升利润，参与积极性得到了很大的提升。与此同时，各个阿米巴小组还能随意拆分、组合，公司也就

第十章 定好机制：股权激励需要一整套机制的配合

能对市场变化做出快速反应。

在实施阿米巴管理模式后，京瓷的增长速度十分显著，员工对公司也充满了信心。此后京瓷经历了四次全球性的经济危机，却始终屹立不倒，甚至在亚洲金融风暴过后还成为东京证券交易所市值最高的公司。

在京瓷大获成功之后，稻盛和夫又创立了第二电信公司 KDDI，同样采用阿米巴经营模式，也取得了良好的发展。阿米巴经营模式因此受到了全世界专家学者的关注，稻盛和夫的经营理念也受到了企业家们的欢迎，目前国内的很多公司都在学习这种经营模式。

阿米巴经营模式之所以能够获得成功，主要是以下几个原因。

（1）阿米巴模式让每个员工都能对自己的劳动成果有真切的认识，可以让员工从工作中获得自豪感、荣誉感，能够增强员工的动力，还能为企业培养优秀的经营人才；

（2）各小组创造的利润占总利润的百分比一目了然，能够促进各小组的良性竞争，鼓励大家合理操作、减少费用，并能够集思广益想出提升利润的好办法；

（3）组织结构化整为零后，细节变得更加透明，能够让经营者发现很多之前忽略的问题，还能够更好地把控内部运作情况；

（4）经营者还可以通过准确、细化的数据对员工进行评估，再对人员进行合理配置，让他们去往更适合的阿米巴小组，就能让每个小组的人员配置达到最佳。

那么，企业如果实施了阿米巴经营模式，还需要进行股权激励吗？答案是肯定的。因为"阿米巴模式"虽然进行小组独立核算，但并未按照员工创造价值的大小给予奖金或其他激励，一般对成绩好的小组，只是做一些表扬，或颁发纪念品，这固然能够满足员工"尊重和认可的需求"及"自我实现的需求"，却不能满足其他层面的需求，所以，有必要通过股权激励提升员工收入、改善员工生活，从而进一步提升员工的安全感和归属感，激发他们的责任心和创造力。

当然，阿米巴本身与股权激励并无矛盾，能够正常运行阿米巴模式的企业，内部机制和管理体系已经比较完善，更有利于推动股权激励，使其成为阿米巴模式的有益补充。

比如，阿米巴组织负责新项目或新产品时，可以将其看作是一个虚拟的公司，公司主体可以和这个"虚拟公司"中的领导、员工约定，当"虚拟公司"经营利润达到某一标准时，这些人员可以优先成为"虚拟公司"的股东。公司主体持股51%，可以实现对新项目的控制，另外49%的股权可以由"虚拟公司"员工出资参股，这样员工拥有了"虚拟公司"的股权，就会竭尽全力为属于自己的事业而拼搏。

但要是阿米巴组织负责的只是常规项目，或是一些按照流程站点划分的阿米巴小组织，无法形成"虚拟公司"，公司主体可以采用期股或者股票期权等方式，依照阿米巴组织的利润、成本等标准，对符合条件的员工进行激励。需要提醒的是，股权激励毕竟是一种长期激励手段，为了达到更好的效果，在实施激励前还需要透彻分析阿米巴组织内外部的情况，选择最佳的激励方式。

六、子公司如何实施股权激励

企业日益发展壮大后，会选择成立子公司，而企业也就很自然地成为"母公司"。根据《公司法》第十三条规定："公司可以设立子公司。子公司具有法人资格，依法独立承担民事责任"。也就是说，子公司并不受制于母公司，可以在母公司的经营范围外选择其他经营项目，也可以有自己独立的财务系统，但这也意味着母公司对子公司要有较多的财力和人力投入。

同时，在子公司也可以实施股权激励，让员工能够与子公司同享收益。

但是，母公司的"股权激励"行为，子公司不必严格参照规定去执行，也就不用履行母公司股权激励审议、披露的一整套程序，在操作时可以根据子公司的章程和内部相关制度稳健执行股权激励的程序，再由母公司进行公告。但要是子公司的股权激励涉及"关联交易"，或是属于母公司的重大投资行为，就需要进行详细的信息披露了。

> 美智光电科技股份有限公司（以下简称"美智光电"）是家电巨头"美的集团"旗下的子公司，于2001年成立，最初主要从事照明产品的设计、制造和销售，后来业务逐渐拓展到了智能家居领域。该公司背靠实力强大的母公司，又赶上了智能家居概念的风潮，发展势头迅猛。
>
> 为建设长效激励体系，推动公司快速、稳定的发展，美智光电打算以员工持股计划的模式实施股权激励。2018年，美智光电设立了合伙企业"宁波美顺"，作为未来的"股权池"，持有公司50%的股权。2019年底，经母公司临时股东大会审议通过，美智光电正式实施"多元化员工持股计划"。
>
> 参与本期员工持股计划的不光有美智光电自己的核心经营管理人才、技术人才、骨干员工百余人，还涉及母公司美的集团的部分董事、监事、高级管理人员。这些参与对象新设了三家合伙企业持股平台（分别为"宁波美翌""宁波泓太"和"宁波美皓"），通过受让股权的方式取得美智光电的股权，价格根据评估报告确定的公司估值来设定。其中美智光电的核心人才、骨干员工成为"宁波美顺"和"宁波美皓"的合伙人；而母公司的部分董事、监事及高管及全球合伙人、事业合伙人则成为"宁波美翌""宁波泓太"的合伙人，像美的董事长、总裁方洪波就是"宁波美翌"的合伙人，持有份额304万元，占平台比例为23.676%。

除了美智光电外，美的另一个子公司美云智数也实施了类似的员工持股计划。参与该计划的对象也可以被分为三类，第一类是子公司的核心人员、骨干员工；第二类是母公司的部分董事、监事、高管；第三类是母公司的部分全球合伙人、事业合伙人。这也是如今很多上市公司的子公司在实施股权激励时较常选用的模式。此时，母公司的董事、监事、高管是通过持股平台（合伙企业）间接持有子公司的股份，如果持有的份额较多，能对该合伙企业形成控制，就构成了关联交易，该合伙企业就成了母公司的关联方，要按照与关联法人的交易审议；如果母公司的董事、监事、高管只占少量份额又是有限合伙人，即对该合伙企业不具控制权，该合伙企业就不算是关联方，那就要按普通的出售资产交易类型执行相应的程序。

在股权激励的定价方面，子公司与母公司也有不同之处。如果子公司设立时间不长，在做股权激励时可以参考注册资本来定价；如果子公司已经发展到了一定规模，也可以像美智光电这样参考估值定价，或是按净资产定价；如果随着子公司继续发展，其价值得到了市场的充分认可，这时可以按公允价格打折后的价格来定价。

此外，子公司实施股权激励也应当有一套完善的流程，像激励对象如何退出就是要注意的一个关键点。仍然以员工合伙计划为例，根据《中华人民共和国合伙企业法》第四十五条规定："合伙协议约定合伙期限的，在合伙企业存续期间，有下列情形之一的，合伙人可以退伙：（一）合伙协议约定的退伙事由出现；（二）经全体合伙人一致同意；（三）发生合伙人难以继续参加合伙的事由；（四）其他合伙人严重违反合伙协议约定的义务。"而员工离职符合情形（三），属于退伙条件之一，所以，子公司应当在这方面做出明确约定。比如应当退伙的员工拒不办理退伙手续时，可做"除名"处理，这样也能够避免很多不必要的纠纷。同时，对退伙结算办法也要做好事先约定，确定财产份额是进行退还还是转让，如果转让，其转让价格、转让时间又该如何界定。只有弄清楚了这些细节问题，退出机制才有更强的可操作性。

七、品牌连锁店怎么制定股权激励机制

连锁品牌在向外不断扩张的过程中可能会出现一系列的问题。比如连锁门店越来越多，布局范围越来越广，公司的大股东和实际控制人就会遇到"鞭长莫及"的问题，监督管理的工作很难做到位。再如门店数量不断增多，如何选拔、任用合格的店长，就会成为一大难题；而且连锁店往往缺乏有效的激励和约束机制，部分店长、店员缺少工作积极性、离职率高，个别店长还有可能借用公司平台开展自己的业务，做出有损公司利益的事情。

想要激发门店店长、员工的工作热情，增强他们的经营意识，提升门店的运作效果，优化和完善连锁企业的组织，进行股权激励是很有必要的。

> 福建省华莱士食品股份有限公司（以下简称"华莱士"）是国内著名的快餐品牌之一，因产品价格实惠、门店选址科学，受到了市场的欢迎。短短数年，华莱士的门店已经遍布全国各地。截至2022年5月，门店总数超过了2万家。
>
> 华莱士的连锁模式既非直营模式，也非加盟模式，而是采用了一种独特的"合作模式"，即将门店员工和其他利益相关者视为合伙人，通过众筹的方式将门店股份"分"给他们，使门店成为一个利益共同体。
>
> 这些合伙人首先包括门店的运营团队，如店长、督导等；其次是区域管理公司的骨干人员及总部的股东、供应商、服务商等利益相关者；最后开发选址团队也被纳入合伙人的范畴。所有这些人员按照一定的比例出资，持有门店股份，再根据出资比例承担经营风险、分享经营收益。而公司总部在门店装修、品牌运作、物流配送、产品研发等方面给予指导和支持，确保所有门店呈现统一的品牌形象、产品和服务。

> 这种独特的合伙人模式让店长、员工成为门店的一分子，主人翁意识不断增强，他们会用心服务每一位顾客，不会去计较自己付出了多少，因为门店经营得好与坏，直接关系到他们能够获得的收益的高低，所以他们会自己激励自己，自己约束自己，离职率也会大大降低。而公司总部不再需要进行自上而下的监督和管理，也能够提升管理的效率，节约管理的成本。
>
> 同时，供应商、服务商成为门店股东，就能够打通上下游，提升原料品质，降低进货成本，有助于实现供应链成本的最优化。

华莱士的合伙人模式，本质上是以单个门店为主体的股权激励机制，它能够实现总部与门店管理层、外部利益相关方之间的共赢关系，也能够实现员工的"自驱动"，有助于提升单店效能，实现门店的快速裂变。和直营连锁模式相比，这种合伙人模式投资少、成本低、风险小；和传统加盟模式相比，合伙人模式稳定性更强，总部管理更加容易。

连锁企业在效仿华莱士的做法时，可以根据自身所处的行业特点、采用的连锁模式等因素合理设计股权激励模式。比如，餐饮行业为了克服员工流失率高、招工难的问题，可以采取延期支付的股权激励模式。具体操作时，应当在每家门店开启单独核算，门店利润的一部分可以作为奖金，结合绩效考察结果奖励给店长和其他表现优秀的店员；另一部分利润转换为股权进行股权激励——店长考核排名靠前，无须出资即可获得"干股"；若店长培养出了符合考评标准的新店长，可以在新店投资入股；若店长培养出了多名符合要求的新店长，可以升为区域经理，在新店投资入股的份额也将上升。由此就能够对店长产生强有力的激励，还能够促进门店优秀模式的快速复制，将会为品牌注入源源不断的生命力。

另外，门店股权激励还应当参考店铺的盈利情况，制订不同的激励方案。比如亏损门店可以将投资总额打折后让店长或员工入股，像投资总额是 300 万元，打五折后，以 150 万元的总额让员工出资入股。不过采用这种方法，需要店长、员工对门店的未来发展充满信心，才会有较高的参与积极性。在获得门店的股权后，店长、员工在分享经营权、收益权和分配权的同时也承担了相应的风险，门店的经营状况与个人利益将牢牢捆绑在一起，这能够促使他们群策群力改善经营，有助于实现扭亏为盈的目标。

第十一章

确保落实：股权激励如何顺利落地

一、超额利润式：满足核心高管的现金需求

在股权激励落地的过程中，很多企业都会遇到一个相同的问题，那就是核心高管对股份分配不感兴趣，即使获得了股权，仍然表现得不太积极，究其原因，还是因为高管对企业的未来并不看好。在这样的企业中，团队成长速度往往很慢，管理层与企业家的理念差距较大，企业家常有"曲高和寡"之感。

这类企业就不适合直接推动股权激励，而是可以分为几个步骤，使股权激励能够成功实现"软着陆"。

"超额利润激励法"就可以成为股权激励落地的第一步，企业可以从超出目标利润的那部分利润中，按比例提取一些用以激励核心高管和一些骨干人员，这样既能让激励对象看到企业巨大的发展潜力，又能感受到企业家的境界和胸怀，对于日后推动股权激励顺利落地是很有帮助的。

> 上海康达化工新材料股份有限公司（以下简称"康达新材"）主要从事中高端胶黏剂的研究和应用，经过30多年的耕耘，该公司已逐步成长为国内胶黏剂领域的龙头企业。近年来，随着5G通信、新能源等新兴领域快速崛起，胶黏剂需求旺盛，康达新材把握市场机遇，实现了快速发展，品牌影响力和市场综合竞争力不断提升。
>
> 据公司2020年财报显示，2020年，该公司实现营业收入19.32亿元，同比增长81.24%；实现归属于上市公司股东的净利润为2.15亿元，同比增长53.62%。为了进一步提升公司的发展动力，完善薪酬分配体系，吸引、激励和稳定核心高管和骨干人员，公司决定引入超额利润分享机制。
>
> 超额利润激励对象既包括高层管理人员，又包括对公司整体业绩和持续发展有直接影响的骨干人员。另外，为各事业部发展作出贡献的销售、研发人员也被列入激励对象的范畴。

超额利润的划分主要分为两部分：首先是公司超额利润，即公司当年实现的利润超过年度目标利润的部分，按照20%的比例提取用于激励；其次是事业部的超额利润，即事业部当年实现的利润超过事业部年度目标利润的部分，按照不同事业部的性质、所处的产业、产品所处的生命周期等因素确定提取比例，但激励总额不超过事业部超额利润总额的15%。

在实施超额利润激励时，康达新材注意把握"责权利对等"的原则，使激励对象获得的现金奖励能够与岗位价值、承担责任相匹配，而且奖励分配也与绩效考核挂钩，做到了激励与约束并重，并且超额利润激励与公司长远利益是相符的，能够促进公司持续健康的发展。

目前，超额利润激励机制在上市公司中比较盛行，许多企业进行了这方面的尝试。从他们实施的超额利润激励方案中，可以看出应注意以下几个关键点。

1. 确定好"目标利润"

超额利润激励机制的核心是"目标利润"的科学设定，只有这把"尺子"设定得准确、合理，才能更好地界定超额的那部分利润。若是目标利润定得过低，用于激励的超额利润就会过高，无疑会损害原有股东的利益；相反，若是目标利润定得过高，超额利润所剩无几，也无法达到激励的目的。

因此，企业在确定目标利润时需要格外审慎，如果是发展势头稳定的企业，可以以上年实现利润为目标利润，超出这个数额即为超额利润；如果是处于快速发展期的企业，则需要计算年利润平均增长率，超出增长率的部分才可以用于激励；对于重资产类的企业，还可以参考净资产收益率，超出这一比例的利润就可以认为是超额利润。

2. 设定好激励比例

定好目标利润后，企业可以根据超额利润的幅度设定不同的提取比例，超额利润越多，提取比例越高，这样才能更好地激励高管和其他核心人员。比如，湘邮科技股份公司就制定了"阶梯累进计提比例"：如果利润超额幅度在20%以下（含20%），提取比例为5%；利润超额幅度在20%~50%（含50%），提取比例为10%；利润超额幅度在50%以上，提取比例为15%。

企业可以参考这种方法设定激励比例，也可以根据自身实际情况制定个性化的分配方案，但无论采用何种方式，都应当注意尽量向价值创造者倾斜，并且职能部门分配比例最好不要超过业务部门。

总体来看，超额利润激励法能够与企业发展的各项指标相结合，使得激励对象的个人利益能够在相对较长的时间内和公司利益相捆绑，公司也可以根据不同阶段的发展战略进行相对灵活的指标选取和设定，使其能够满足公司的发展需求，并能为股权激励落地打下良好的基础。

二、在职分红式：如何做到100%激活员工

在成功实施超额利润激励后，企业可以考虑导入在职分红激励法，以完善公司激励机制，使员工利益与股东价值紧密联系在一起，而员工的个人行为也将与企业战略目标保持一致，从而能够树立起员工与企业共同持续发展的企业文化，为股权激励落地创造充足的客观条件。

在职分红激励（在职股激励）与超额利润激励有相似之处，也是企业拿出一部分利润对特定的对象进行激励，不过在职分红的"门槛"相对较低，激励对象无须超额完成利润目标，只要达到一定的考核标准就可以按约定股份比例享受可分配利润。不过这种在职股只有分红权，没有表决权、决策权，也不能转让、继承，员工一旦离职或是有违章违规的行为，在职股就会自动失效，所以也被称为"身股"。

某公司成立于2017年，专职员工有80人，为了吸引和保留关键核心人才，不断挖掘发展潜力，公司在2021年实施了在职分红激励。

激励的对象包括公司高管、核心技术人才和业务人才，第一批激励对象共计21人，分为高层（占股份总额的35%）、中层（占股份总额的30%）、技术层（占股份总额的25%）、骨干层（占股份总额的10%）四类。

此次在职分红激励按照"存量不动，增量激励"的原则进行，即在公司资产保值增值的前提下，从净资产增值中解决奖励股份的来源问题。若当年净资产增值率在40%以下（含40%），不予提取分红基金，被激励对象也不能享受分红待遇。只有当净资产增值率超过40%，才按照增值部分的40%提取分红基金。

2021年，该公司期初净资产为500万元，期末净资产为750万元，净资产增值率为（750-500）÷500×100%=50%，超过40%，可以提取分红基金。又因为期末每股净资产为750÷500=1.5（元），所以，期末的分红股份总额为[（750-500）×40%]÷1.5≈66（万股）。

以技术层为例，这部分的激励对象共有5人，个人分红比例为25%÷5=5%，个人分红股份为66×5%=3.3（万股），换算为分红金额为3.3×1.5=4.95（万元）。

由于一名激励对象选择了辞职，按当年工作月数享受50%的分红权；另有一名员工因违反公司纪律被辞退，其分红权立即取消。

企业实施在职分红激励，员工可以与股东一起分享利益，能够增强员工对企业的归属感，还能体现企业对员工的重视，从而能够提升员工的荣誉感和责任感。不过，在实际操作过程中，企业应当把握好以下几个关键点，才能让激励效果落到实处。

1. 定好激励对象

在职分红的激励对象应优先选择与企业利润有直接关系的岗位或人，

而且对激励对象应当有一定的职务级别和工作年限要求。另外，企业还需要对激励对象进行综合考察，要看其行为表现是否能够与公司价值观保持一致，还要考虑激励对象是否取得了突出的业绩表现，有没有违反职业道德的行为等。

2. 定好考核目标

在进行在职分红激励时，企业要注意将考核目标设定为长期目标与短期目标相结合的目标体系，其中长期目标可以设定为1～3年的目标，能够引导激励对象关注企业的中长期发展战略；短期目标可以设定为1～12个月的目标，以便引导激励对象实现短期内的业绩突破。除了公司目标外，还可以设定部门、个人的目标，使员工能够清楚地找到努力的方向。

3. 确定分配额度

在设定在职分红激励的总体分配额度时，企业既要综合利润额、盈利能力、激励对象人数、激励对象的具体需求等内部因素，又要参考行业薪酬水平、市场竞争环境等外部因素，进行综合考量。如果是首次进行在职分红激励，可以将分配额度设置为10%～20%。至于个人的分配额度可以根据个人岗位价值、职务等级、个人绩效考核结果等因素进行评定。

4. 完善激励机制

在职分红激励也要有明确的进入和退出机制，比如进入机制要求激励对象入职满一年，过去三年内没有出现重大违反职业操守的行为，为企业创造了重大价值，或是被企业认可的未来战略型人才等。至于退出机制则要明确在什么情况下将取消激励对象的分红资格。

另外，在职分红激励的支付方式也是需要提前明确的，比如分红是当年全部发放还是部分发放等。这样激励对象才会对在职分红激励有一个清楚的认识，能够避免很多不必要的误解，激励也能够达到更好的效果。

三、"135 渐进式"落实，产生持续激励效果

在超额利润激励、在职分红激励的基础上，企业可以导入"135 渐进式"股权激励：激励的周期为 8 年——第 1 年进行在职分红激励，第 2~3 年进行滚动考核转为注册股，第 4~8 年为锁定期，锁定期结束后才进行股份注册。通过这种分阶段、分步骤地落实，逐步实现从分红激励到股权激励的过渡。

以下是某公司的"135 渐进式"股权激励方案。

> 某公司是一家大型企业，为了扩大经营，谋求进一步发展，该公司引进了几名能力卓著的管理人才。在他们入职满一年后，公司对他们实行了"135 渐进式股权激励"。
>
> 该方案从 2016 年 1 月 1 日起开始实施，完成绩效指标的激励对象当年可享受在职分红。从 2016—2018 年，公司对这些激励对象进行了滚动考核。激励对象通过考核后，可以与公司签订协议书，确定自己最终能够获得的注册股份的比例，这些股份不能马上获得，而是要进入五年的锁定期。
>
> 股权激励的资金来源为激励对象自筹的资金，在签署协议书时，激励对象需要预付 10% 的价款作为"保证金"。比如某高管获授公司股份总价为 60 万元，需要缴付的保证金为 60×10%=6（万元）。这笔金额可以抵扣购买款，但要是激励对象因为主客观原因中途离职，这笔钱是不退还的。有的激励对象因为犹豫，未能及时缴纳保证金，也会被视为主动放弃购买。
>
> 在锁定期结束后的 15 天内，激励对象需要支付保证金以外的价款（如该高管就需要支付 60-12=48 万元），之后才可以完成所获股份的工商登记工作。这样激励对象就可以真正成为公司股东，除了享有股东的权利外，只要不离职，就可以继续享受自己的那份在职分红。

第十一章　确保落实：股权激励如何顺利落地

> 该公司实施的"135渐进式"股权激励方案，完善了公司的长期激励机制，提升了核心管理人才的工作积极性，也为这些人才提供了可观的增值收益，实现了人才与公司的共同发展。

在落实"135渐进式"股权激励方案时，需要特别注意以下几点。

1. 选好激励对象

"135渐进式"股权激励的对象是有能力且认可公司文化，愿意与公司共同进退的核心管理人员。对于这类人员，可以考虑授予宝贵的注册股，但是必须要设置较长的考核期限，这就是进行三年在职考核的原因。公司可以提前设定三年的滚动考核目标，尽量不要年年更改。

2. 设定好保证金的比例

由于锁定期较长，设置保证金（也称为"预付定金"）可以对激励对象起到一定的约束作用，但是保证金的比例不能太高或太低，如果比例太高，保证金又是不可退还的，就会让激励对象产生较强的犹豫心理，不愿意支付这部分价款，导致股权激励失去意义；但要是比例设得太低，导致要缴纳的保证金过少，也无法引起激励对象的重视，所以，一般设为全款的5%～10%比较合适。

3. 提前明确退出机制

"135渐进式"股权激励的周期为8年。也就是说，一个职业经理人通过这种股权激励模式变为公司的注册股东需要8年的时间，在此期间，很难保证不出现各种意外情况。所以公司有必要进行提前约定，一方面，可以减少不必要的纠纷；另一方面，能让高管们明确自己应当承担的义务，能够自觉约束不良行为。

比如，激励对象的能力被证明不足以胜任本职工作，无论是被公司辞退，还是选择自行离职，股权激励都会终止；再如激励对象在职期间做出有损害公司利益的行为，像有的高管把公司机密泄露给了竞争对手，或是从事不正当交易为自己牟利，这些情况都应当停止股权激励；此外，激励对象因为违反国家法律法规，遭到刑事处罚的，股权激励也应停止。

"135渐进式"股权激励更适合大型企业，中小企业不必完全照搬这个模式，可以适当缩短考核期和解锁期，比如有的中小企业会采用一年在职分红、二年滚动考核、三年锁定的做法，有助于提升激励的效果。

四、稳健运行：发挥各级管理机构的作用

股权激励的顺利落实和稳健运行离不开各级管理机构的作用。不论是股权激励的决策，还是具体的管理、日常的监督，都需要由相应的管理机构负责把关。特别是在股权激励步入正轨之后，企业还需要有专门的机构或人员持续地对股权激励方案与制度进行调整改进，使其能够更好地适应市场趋势和企业的发展战略。

海南京粮控股股份有限公司（以下简称"京粮控股"）是北京首农食品集团旗下京粮集团控股的上市公司，主营业务为植物油加工及食品制造，近年来增速明显，2021年实现营业总收入117.63亿元，同比增长34.56%。为了进一步建立、健全公司长效激励机制，吸引和留住优秀的人才，同时能够充分调动核心骨干员工的工作热情，公司决定在2022年实施限制性股票激励计划，首次授予的激励对象不超过45人。

2022年3月，该公司公布了2022年限制性股票激励计划（草案）和2022年限制性股票管理办法（以下简称〈管理办法〉），在管理办法中，该公司明确列示了此次股权激励的管理机构及其职责：

股东大会作为最高权力机构，负责审批限制性股票激励计划、管理办法及其他配套文件，也可以授权董事会处理激励计划的相关事宜。

董事会是执行管理机构，负责限制性股票激励计划的实施。在董事会下，还设有薪酬与考核委员会，负责拟订和修订计划，并报董事会审议。

经董事会审议通过后，再报股东大会审议。薪酬与考核委员会下又设有股权激励工作小组，由人力资源、财务管理等相关部门的人员组成。负责组织激励计划的具体执行，并负责和资本市场、股东、监管部门等交流和汇报。

监事会及独立董事是监督机构，承担监督职责，对限制性股票激励计划是否有利于公司的持续发展，是否存在明显损害公司及全体股东利益的情形发表意见。另外，监事会还需要监督限制性股票激励计划的实施，并且还要负责审核激励对象的名单，再将核实情况在股东大会上进行说明。独立董事则需要向所有股东征集委托投票权。

股东大会、董事会、监事会及独立董事、薪酬委员会等均在股权激励中发挥着重要的作用。从京粮控股的限制性股权激励管理办法中，我们也可以清楚地了解股权激励的组织和管理机构及其各自的分工。

1. 股东大会

由全体股东组成的股东大会既是公司的最高权力机构，又是实施股权激励的最高权力机构，其他机构由它产生并对它负责。由于股权激励计划直接关系到现有股东持有的股权，会影响到股东的切身利益，所以，要想实施股权激励计划，必须得到股东大会的表决批准，而且只有代表三分之二以上表决权的股东表决通过后才能实施。

2. 董事会

股权激励计划的激励对象包含公司管理层，所以，相关职能部门就不适合成为股权激励计划的执行机构了，而是要由公司董事会承担此职责，为股权激励专门成立的股权激励工作小组或者工作委员会也是对董事会负责，而董事会又对股东大会负责。但是在实践中，一些公司的董事会无法保证其独立的法律地位，也难以公正地行使职权，所以，还需要在董事会中引入独立董事，以便公正地确定股权激励的对象和授予的数量。

3. 监事会

股权激励的监督工作一般由监事会负责，主要负责审议董事会及其下属专门的股权激励管理机构起草的股权激励方案，核实激励对象名单，审查激励对象资格，审查股权激励计划的实际执行情况等，并要向股东大会进行报告。

4. 董事会下属的专门委员会

一般而言，具有一定规模的公司会在董事会之下设立薪酬与考核委员会（薪酬委员会）、股权激励专门委员会等机构负责股权激励计划的具体管理。这种专门机构的组成人员一般不能少于三人，其中一半以上是独立董事或外部董事，因而具有极强的独立性，向董事会负责，而不向总经理负责。

初创企业或规模较小的企业可以由董事长及总经理牵头，由人力资源部门配合组成股权激励管理小组，或是设立股权激励专员，以便对股权激励的实施过程进行动态调整。当然，不管是专门机构的成员，还是管理小组的成员，都应当选择对企业情况非常熟悉、组织协调能力较强，且为人严谨公正的人选，才能制定出优质的股权激励方案，并能够确保方案能够顺利落地执行。

五、贯彻企业文化，打造股权激励的"定海神针"

股权激励能够成功落实，不仅取决于企业的发展战略、商业模式、分配制度，更取决于成熟、优秀的企业文化。尽管企业文化是看不见、摸不着的，但它的核心理念却会直接影响股权激励的顶层设计和实施速度。

有研究结果证明，那些重视企业文化建设的企业，其经营业绩要远远胜过那些忽视文化因素的企业。

企业文化可以被层层分解，最外层是"表层文化"，像大家熟悉的企业标识、产品包装、厂容厂貌、员工制服等都属于这个层次，它们是企业形象不可分割的一部分，也是建设优秀企业文化的物质基石；下一层是"浅层文化"，体现在企业的行为体系上，像企业的各项活动、员工的行为表现、团队的共同活动等都可以纳入其中，它们也是企业良好文化的一种体现；再下一层是"制度文化"，包括企业的各项制度、运行机制、组织结构、管理模式等，制度的存在让企业文化走向了规范化，不会轻易被"人情文化"破坏；最核心的层次是"精神文化"，也是企业文化的重中之重，包括企业精神、最高目标、企业道德、企业宗旨、企业的价值观等内容。

在企业内部，企业文化已经获得了员工的广泛认可，它会发挥强大的导向作用，为员工指明清晰的奋斗方向，使员工能够统一思想、团结一心。而在员工努力创造业绩的过程中，企业文化又能对他们提供精神上的激励，使他们能够振奋精神，不断提升工作效率，改善产品质量，向客户提供更加满意的服务，从而增强了企业的核心竞争力；企业文化还能够提升员工整体素质，让他们能够自觉规范自己的行为，直到养成良好的行为习惯，并对后加入的新员工产生积极的影响。

相反，如果不注重企业文化的建设，就会造成很多不良影响。比如员工工作缺乏热情，做事不负责任，导致成本快速上升，工作效率却在不断下降；组织内部一盘散沙，缺乏团队意识，部门与部门之间各自为政，遇到问题不但不会积极协调，还会相互掣肘；组织执行力低下，士气低落，推诿成风，即使是最简单的任务，完成效果都会非常糟糕……在这种情况下，即使勉强推行股权激励，最后也只会以失败告终。

因此，企业必须明确自身的企业文化，将其作为实施股权激励的文化保障。在股权激励方案设计和落实的过程中，都要坚持以企业文化为纲领，才能为股权激励打造一枚"定海神针"。

> 海底捞品牌创立于1994年，最初只有一家规模不大的火锅店。经过多年发展，海底捞依靠高水平的服务质量赢得了消费者的认可，也树立起了良好的品牌形象，但更为人们津津乐道的是海底捞卓越的企业文化。
>
> 如果对海底捞企业文化进行层层分解的话，其表层文化是统一化、专业化的品牌识别系统和店面设计，消费者无论来到哪一家门店，都会在第一时间认出这是一家"海底捞"，而不是其他品牌的火锅店；而浅层文化是"快乐工作、微笑服务"等特殊的行为表现，体现出的是海底捞体贴入微的人文式关怀；在制度文化层面，海底捞通过招聘推荐机制、内部晋升机制、"集中＋导师培训机制"、轮岗制、完善的激励机制、灵活的考核制度等，为员工搭建起了一个平等、自由、充满尊重和关爱的工作环境，使员工能够对企业产生强烈的归属感，并能够衷心认可这样的企业文化；在精神文化层面，海底捞提出"把员工当作家人"的理念，不仅为员工提供各种职业发展通道，还精心营造优良的生活环境，为员工免除后顾之忧，也增强了员工的自尊心、自信心。在海底捞，上下级之间的关系是互相平等的，所有人都在为"客户满意"而努力奋斗。

海底捞的企业文化是一种典型的"员工导向"的企业文化，它以员工的发展和价值增值为核心，尽可能满足员工的各项需求，注重培养员工的能力，在企业内部创造公平、自由、受尊重的文化氛围。

这种"员工导向"的文化对股权激励的实施能够产生正向促进作用，因为股权激励本身就是要尽可能地吸引行业优秀人才、保留对企业具有关键意义的核心人才、激发各层级人才的工作动力，从而顺利达成企业的战略目标和业绩目标。从根本上讲，股权激励与员工导向的企业文化价值观完全吻合，自然会得到全体员工的认可和支持。而企业在进行股权激励方案设计时，也会更加重视员工的个人利益，会倾向于授予更多的股份，以达到预期的激励效果。而且企业不会只考虑少数高管的需求，而是会更加重视广大普通员工的需求，所以，激励对象的选择范围也会更加广泛，能够从中获益的员工数量会更多。

由此可见，想要让股权激励成功落地，就要重视企业文化的无形力量。企业应当进一步明确并贯彻企业文化，才不会在股权激励推进的过程中遇到重重阻力。具体来看，企业可以按照如下步骤贯彻企业文化。

1. 进一步明确企业愿景、使命和价值观

企业文化不是简单地"喊口号"，而是要定出企业的愿景、使命和价值观，并要对其进行充分的诠释。比如企业的愿景就是对企业未来前景和发展方向的高度概括，可以以三个问题来原点设计企业愿景，分别是"我们的企业是什么""我们的企业将是什么样""我们的企业应该是什么"。

企业使命包括企业在社会经济发展中应当担任的角色和承担的责任、义务，这既是企业存在的根本原因，又可以体现企业的形象定位，比如惠普公司的企业使命是"为人类的幸福和发展作出技术贡献"，而沃尔玛公司的企业使命是"给普通百姓提供机会，使他们能与富人一样买到同样的东西"。

企业价值观代表着企业和员工的价值取向，在一个企业内部，只有绝大多数员工的个人价值观趋同，才能够形成企业整体的价值观。当企业或员工在企业运营过程中遇到两难境地时，价值观将会支持他们做出某个正确的决定。比如IBM的企业价值观是"帮助客户带来价值"，一旦遇到一些两难境地时，员工会优先考虑客户的利益。

2. 使企业文化能够顺利"落地"

在明确企业文化之后，企业还需要持续推进文化建设活动，比如可以制定专门的企业文化手册、内刊、宣传栏、内部网站，对员工进行培训宣讲；还可以定期组织研讨学习，让员工能够理解企业文化的内涵，并能够产生由衷的认同。

当然，更重要的是将企业文化融入经营的各个环节，使员工能够亲身参与企业文化建设，产生真切的感触，还可以发表自己的看法。企业也可以积极征求员工的意见，通过共同探讨促进企业文化的进步和完善，这样也能够体现对员工的高度尊重。

3. 推动股权激励的落实

在企业文化落地的同时，可以寻找适当的时机导入股权激励机制，比如企业文化是"以人为本"，但显得不够具体形象，在导入股权激励时，就可以具体描述员工能够获得的实际利益，员工才会有更直观的感受。

在推进股权激励的过程中，还要注意使激励模式、激励对象的选择始终与企业愿景、使命、价值观相一致，而不能故意违背企业文化。比如，企业文化提出"公司上下是平等的关系"，在选择股权激励的对象时却总是偏重核心管理层的激励，缺少对普通员工的激励，这必然会造成员工的反对和股权激励的失败。

事实上，股权激励与企业文化是可以相辅相成、相互促进的，股权激励实施的情况理想，员工对企业充满信心和归属感，也有助于企业文化的健康发展，所以，每一家企业都应当不遗余力地贯彻企业文化，在此基础上推动股权激励，可以达到事半功倍的效果。

六、做好风险防范：股权激励是一把"双刃剑"

同任何一种管理工具一样，股权激励机制有其有利的一面，但也存在潜在的风险，因而更像是一把"双刃剑"。如果设计得当、落实顺利的话，股权激励可以起到事半功倍的效果，能够为企业扫除发展的障碍；可要是设计不合理、落实受阻，就会产生很多负面影响，甚至会阻碍企业的进一步发展。

第十一章 确保落实：股权激励如何顺利落地

万科企业股份有限公司（以下简称"万科"）于1988年进入房地产行业，经过多年深耕，成为国内领先的房地产企业。在公司治理方面，万科成为众多企业学习和借鉴的榜样。在股权激励方面，万科也成为先行者。早在2005年《上市公司股权激励管理办法〈试行〉》颁布后，万科就迈出了股权激励的步伐，但无论是2006年实施的限制性股票激励方案，还是2011年实施的股票期权激励方案，都以失败告终。

万科第一次股权激励的行权条件除了要满足年净资产收益率高于12%外，还要满足净利润增长率不低于15%、当年每股收益增长超过10%及T+2年的股价高于T+1、T年股价等条件。在股权激励方案实施后，只有2006年达到行权条件，2007年虽然取得了不错的业绩，但因为股市动荡，股价条件未能达成；2008年全球市场萧条、房地产行业收紧，业绩条件又未能达成。

第一次股权激励的失败对高管、骨干人员的积极性造成了相当大的打击，与此同时，房地产行业也进入了调控期。在这种情况下，万科还是大胆地进行了第二次股权激励的尝试——设置1.1亿份股票期权，由符合条件的激励对象出资购买。

在吸取失败的教训后，万科将此次股权激励的行权条件制定得更加宽松，只要2011—2013年的净资产收益率分别达到14%、14.5%、15%即可。然而行权价格定为8.89元不够合理，甚至还出现了市场价格低于行权价格的情形，由此引起了激励对象的强烈不满，再加上公司进行了战略调整，一部分感到不适应的高管便选择了离职，其中甚至包括四位执行副总裁和三位副总裁，离职人数达到了激励人数的36%……

万科的这两次股权激励非但没能激发高管和其他员工的主人翁意识和工作热情，反而产生了反效果。这也提醒了我们一定要重视股权激励的风险问题，在设计股权激励机制时必须做好必要的风险防范。

那么，股权激励常见的风险有哪些呢？

1. 反向激励风险

股权激励方案设计不合理，如激励模式选择不当，激励对象确认有偏差、行权要求设置不合理、方案制定程序不透明等，会在企业内部造成一种"不公平"的氛围，使激励对象的积极性受到严重打击，更有可能引发人才流失。

以万科的第一次股权激励为例，企业将股价列入行权条件，而这是激励对象无力掌控的因素，在市场不景气的情况下，激励对象虽然付出了很多努力，却无法达成行权条件，自然会产生"付出得不到回报"的消极心态，容易引发反向激励风险。

要防范这类风险，企业就应当时刻把握市场环境的变化趋势，并要结合自身发展现状，实事求是地制定股权激励机制，同时要完善与之配套的制度体系，提升规范运作的意识。在股权激励方案设计过程中，企业还可以采用公示流程，并可以广泛征求员工的意见，使员工能够感受到来自企业的尊重和重视。

2. 财务风险

实施股权激励必须充分考虑企业当前的财务状况。而这却是很多企业容易忽视的问题，结果引发了不同程度的财务风险。比如短时间内激励幅度过大，会给现金流带来很大的压力，财务收益也会大幅减少，财务指标会显著降低，由此会引起业绩下滑，甚至会出现亏损，影响企业正常经营、正常融资。

因此，企业在制订股权激励计划时，一定要考虑融资需求和行权时要负担的成本，有必要的话可以调整行权节奏，减少不必要的财务风险。

3. 法律风险

股权激励不仅要保障激励对象的合法所得，还要保障原有股东的合法权益，因此，在定人、定时、定量、定价、定来源等各个环节，都应当符合相应的法律法规和公司规定。这一点对于非上市公司来说尤为重要。因为现阶段非上市公司股权激励缺少规范标准，虽然在操作上相对更加灵活，但也容易出现法律风险。

因此，在设计股权激励方案时，非上市公司尤其需要专业律师的参与，以便对可能发生的法律风险进行把控，确保每个环节合理合法。特别是在公司有上市的计划时，要避免因不规范的做法而影响上市计划的执行。

4. 道德风险

股权激励实施后，最理想的状况是激励对象获得了有效激励，对企业的归属感增强，能够把自己看作企业的一分子，关心企业的前途命运，为企业的发展贡献力量。然而要达到这种状态，需要激励对象有较高的道德水平，可是在现实中，激励对象有可能为了牟取私利而做出损害企业利益的行为。比如有的激励对象对某些指标弄虚作假，就容易引发严重的道德风险。

为此，企业在制订股权激励计划时应明确违约机制，一旦激励对象有违约的行为，对企业利益造成了损害，就可以通过该机制对激励对象进行处置。这样能够更好地约束激励对象，保护企业利益。

另外，企业还应当建立、健全内部控制机制，可增加独立董事、外部董事等，还可设立股权激励专门委员会，以加强对股权激励的监管，防止出现自定报酬、会计造假之类的行为。此外，加强对激励对象的职业道德教育也是必不可少的，只有努力提升激励对象的职业道德水平，才能从根本上防范道德风险。

第十二章

实战案例：点燃星星之火，激活企业生命力

一、苹果：万亿级市值公司如何留才

1976 年，史蒂夫·乔布斯、史蒂夫·沃兹尼亚克和罗·韦恩三位志同道合的朋友成立了"苹果电脑公司"（以下简称"苹果"），当时谁也没有想到，这家不起眼的小公司竟会发展为全球市值最大的上市公司。

1980 年，苹果正式上市，市值高涨，也为公司聚拢了大量的资金。然而由于决策失误，再加上市场竞争异常激励，公司一度走入困境，乔布斯也被迫选择辞职。

1997 年，乔布斯回归苹果，进行了大刀阔斧的整改，还推出了一系列新产品，包括 Mac OS X 操作系统、iPod 数码音乐播放器等，令苹果成功走出低谷，由此展开辉煌之路。

2007 年，苹果推出了第一代 iPhone 手机，开始进军智能手机市场，到第四代产品 iPhone 4 手机问世，终于获得了消费者的认可，销售情况异常火爆，也奠定了苹果在手机行业的地位。

2011 年，乔布斯宣布辞职，当时担任首席运营官的蒂姆·库克接替乔布斯成为公司掌舵人。在库克的领导下，苹果公司始终牢牢占据世界 500 强的地位，2020 年市值突破两万亿美元，2022 年初，市值突破三万亿美元。

对于苹果这样的科技企业来说，创新性人才资源的支撑至关重要。苹果强大的竞争对手，如三星、微软、谷歌等，都非常重视人才，重视激励。那么，苹果又是如何通过股权激励吸引并留住顶级人才的呢？

首先，苹果有面向全体员工的"员工购买股票计划"，通过该计划，员工可以以较低的价格购买苹果股票，这样每位员工都有机会成为苹果的股东，享受丰厚的回报。

其次，面向中高层管理人员和技术人员，苹果推出了限制性股票单位激励计划，每年向业绩优秀的员工授予限制性股票单位。到 2015 年 10 月，库克更将这一措施推广到全体员工，像销售部门、售后部门表现优秀的员工都会获授限制性股票单位。

这种限制性股票单位又可分为两大类：第一类与公司长期绩效挂钩，如果在业绩周期内，公司的股东总回报超过标准普尔500指数中一定数量的公司，即可获授限制性股票单位。比如在2015—2018年的业绩期，苹果股东总回报率高达89.94%，超过标准普尔500指数中三分之二的公司，库克的基于绩效的限制性股票单位28万股得以全部归属。而在2018—2020年的业绩期，苹果的股东总回报在标普500公司中位于85%以上，才能归属200%的限制性股票单位，虽然激励力度更大，但需要完成的业绩要求被提上了一个新的台阶，高管和其他员工必须付出更多的努力，才能完成既定目标，同时获得高额回报。

第二类限制性股票单位与个人任期挂钩，完成约定的任职期限后会被授予一定的限制性股票单位。比如对CEO以外的所有管理层每两年授予一次限制性股票单位，每次授予都是分阶段、分批次兑现的，这样每两年都有新的限制性股票单位授予，又有过去授予的限制性股票单位到期，一方面，能够保持持续的激励力度；另一方面，能够起到很好的"绑定"作用，可以有效地避免人才流失。

苹果实施的"限制性股票单位激励计划"与限制性股票有所不同，它更像是对激励对象的一种承诺，在授予日激励对象并没有实质获得股票，而是在满足特定条件时公司才会用现金或股票进行支付；因为未实质获得股票，激励对象也不享有投票表决权、分红权，这些都是与限制性股票有区别的。

另外，限制性股票单位结合了限制性股票和股票期权的优点，与第一类限制性股票相比，它的优势是获授时激励对象不需要纳税；与股票期权相比，限制性股票单位的获取成本更低，激励对象无须或只需较小投资即可获得限制性股票单位，获利空间也更大。而股票期权的激励力度不如限制性股票单位，因为股价跌至行权价格时，激励对象就会放弃行权，无法获得收益。

也因为限制性股票单位具有突出的优势，获得了众多科技公司的青睐，除了苹果以外，谷歌、亚马逊、腾讯、阿里巴巴等多家互联网科技企业都采用了这种激励模式，也取得了不错的效果。可以说，限制性股票单位已成为一种战略性的"激励武器"，是如今技术行业公司吸引和留住人才的一大亮点。

二、谷歌：为什么要对厨师进行股权激励

1998年，谷歌公司在美国加州的一个车库中诞生了，当时公司只有拉里·佩奇和谢尔盖·布林两位创始人及一名员工，创业条件极为艰苦，而他们也没有想到谷歌在日后会成为全球第一引擎。在公司刚有起色时，两位创始人曾打算将核心搜索技术以100万美元的价格转让给雅虎公司，但却因为"价格高昂"遭到了后者的拒绝。

但雅虎很快就为自己的短视感到懊悔，因为谷歌的搜索技术的确非常出色，处理量快速攀升，在1999年，谷歌获得了2 500万美元的风险投资，公司发展逐步走上正轨。2004年，谷歌成功在纳斯达克上市，一举成为全球最大的引擎公司，2021年营业收入达到2 567亿美元，比2020年增长超过40%。

面对激烈的人才竞争和复杂的资本市场，谷歌能够实现逆势突围，与多方面的因素有关，而股权激励是其中不可忽略的重要因素。

在谷歌上市前，其股权激励以股票期权为主，行权价格基本等于或低于授予日董事会确定的公司股票价值，比如2002年及以前授出股票期权的行权价格仅为0.01~2美元，而谷歌在2004年上市时的发行价是85美元/股，可想而知获授股票期权的员工能够从中取得多少收益。

谷歌公司有位名叫查理·艾尔斯的厨师就依靠股权激励实现了"财务

自由"。从创立之初,谷歌就非常重视员工的体验,为了让员工不为吃饭问题烦恼,公司聘请了厨艺高超的查理·艾尔斯,负责为50多名员工提供可口的饭菜。查理工作态度十分积极,用心打造多种风味的菜肴,赢得了全公司上下的一致认可,他提供的午餐甚至成为当时"谷歌文化"的一部分。为了回报他的付出,公司决定向他授予股票期权,但查理没把期权当回事,他真心地喜爱谷歌的工作环境,还把自己的工作当作一份事业来经营,同事们也把他视为榜样,还为他制作了一个网站,将他的菜谱上传到网上,为他赢得了人气。

随着谷歌的快速发展,公司员工数量不断增多,查理也一再被升职,成为公司的行政总厨,也获得了更多的股票期权。2004年谷歌上市,查理拥有的公司股票价值达到2 600万美元,这改变了他的后半生。他在2005年离开谷歌时,拥有了自己的饭店,还同时兼任几家互联网公司的餐饮顾问,实现了人生梦想。

有的人也许会感到疑惑,为什么谷歌要对一名厨师进行股权激励呢?这是因为谷歌希望建立"公平合理"的奖励机制,无论是现金奖金,还是股权激励,谷歌都会综合考虑员工的贡献和价值来授予,而不会只看其岗位、职位是否重要。就像厨师查理,他不仅有较强的专业能力,还能够发挥创造性、积极性,认真对待自己的本职工作,提高了员工饮食质量,而且他还用自己的热情影响着其他员工,无形中激励了更多的人。他为公司作出的贡献是难以衡量的,公司自然愿意用股权激励作为回报。这样的例子也会让其他员工受到鼓舞,他们会知道公司创始人胸襟宽广、眼界高远,也很重视员工的成长,所以,他们会因成为这个团队的一分子而骄傲,归属感、荣誉感、责任感都能够得到提升。

谷歌一直坚持着这种"以人为本"的股权激励,在上市初期,股权激励仍然以期权为主要激励模式,到2007年,开始采用期权与受限制股票单位的组合进行激励,比重大概是2∶1。2009年金融危机期间,谷歌的股价几近腰斩，可就在这种情况下，谷歌仍然保证股权激励的授予总量与往年持平，只不过提升了受限制股票单位的授予量，减少了股票期权的授予量，以增强激励的稳定性。不仅如此，谷歌还实施了一次"期权置换计划"，允许员工将之前获授的行权价较高的期权等量置换为接近当下股价的期权，这样就能更好地保障员工的收益，而两位创始人、公司CEO、非执行董事则不参加此项计划，从这也能看出管理层的胸襟。当然，为了不损害其他股东的权益，此次置换对新期权设置了等待期，也延长了归属期。

顺利度过金融危机后，谷歌的股权激励以限制性股票单位为主，2014年以后完全为限制性股票单位激励。

除了股权激励、现金薪酬外，谷歌还有优越的福利机制，员工能够在工作之余，去健身中心锻炼，还可享受公司提供的免费理发、医疗等服务，而且谷歌也能够为员工个人成长提供复有挑战性的环境，因此，在吸引人才加入方面拥有绝对的竞争力。

三、华为：全员持股公司的"科学分钱"办法

1987年，任正非以2万余元注册资金创办了华为公司，1988年，华为正式营业，最初主要依靠代理香港一家公司的交换机获利。但任正非坚持做自己的产品，带领着员工研制程控交换机，在极其艰苦的条件下走出了关键的第一步。

在华为创业初期，资金、人力、物力都十分有限，任正非带领华为人专心只做一件事——通信核心网络技术的研究与开发，并将目光始终锁定其上，想方设法寻求重点突破。20世纪90年代，华为的资金已经相当匮乏，几乎称得上是穷困潦倒。在极度严峻的情况下，任正非"倾家荡产"，将所有资源集中投入小型交换机的研发中，瞄准了当时全球领先的美国技术，最终花费了极大的代价，取得了很大的突破，使华为的产品一推出市场，就拉开了与国内竞争对手的距离，又以较高的性价比足以媲美国外

竞争对手的产品。依靠着压强原则，华为获得了巨大的回报，也逐渐树立起自己在通信行业中的地位。

此后，任正非又带领团队向更高技术领域进军，在新产品得到市场的认可后，华为又专注于进行升级换代产品的研究开发。这其中每一次技术研发的尝试都是方向专一、心无旁骛的，因此，每一次都能达到行业的较高水平，直到拥有多项技术优势，并逐渐达到甚至超越世界先进水平。

时至今日，华为已成为全球领先的信息与通信技术解决方案供应商之一。华为的高速发展与重视自主研发、重视人才有分不开的关系。截至2019年底，华为全球员工总数达到19.4万人，其中研发人员就有9.6万人，占公司总人数的49%，这个比重在科技公司中也是极高的。为了留住人才，使他们成为企业的一分子，与企业同呼吸、共命运，华为在分配制度上进行了颠覆式创新，让员工包括外籍员工大批量地成为公司股东，实现了"工者有其股"，也让华为成为未上市的公司中员工持股人数最多的企业，这无疑是一种伟大的创举。

华为公司的员工持股计划始于1990年，在多年发展过程中经过数次调整，大致可以分为三个阶段。

第一个阶段从1990—2000年的十年，任正非就提出了"内部融资、员工持股"的概念。即按照工作级别、绩效、可持续贡献等指标，对工作一年以上的员工配给股份，一般公司在年底通知员工可以购买的股份数，员工以工资及年终奖金出资购买股份，如果资金不足，也可以向公司贷款求助，购买价格为1元1股，由工会代表员工管理持有的股份。

在这个阶段，员工只享受分红权，而不具备公司股东所享有的其他权利。如果员工退出公司，华为会按原始价格1元1股回购股份。任正非曾经在《一江春水向东流》一文中阐述过自己的看法，表示自己设计员工持股制度，是希望"通过利益分享"，能够使员工更加团结。不过那时的还没有形成制度设计，因此，最初的持股计划并不成熟，也无法充分发挥让员工当家作主的作用。但通过内部融资、员工持股的方式，华为走出了创业早期因融资困难举步维艰的困境，还减少了公司现金流的风险，同时也增强了员工对华为的归属感，留住了一批对企业忠心耿耿的人才。

第二个阶段在2001年以后，随着互联网经济泡沫时期的到来，IT业融资困难加剧，任正非又开始推动对过去的持股制度进行改革。新员工不再派发长期不变的1元1股的股票，老员工的股票则逐渐转化为期权，也叫作"虚拟受限股"。公司每年会根据员工的工作水平及对公司的贡献，向员工配给一定数量的虚拟股，而员工按照公司当年净资产价格购买虚拟股。员工除了享受一定比例的分红外，还能够获得虚拟股对应的公司净资产增值部分，并且每年可以按照最新的净资产价格兑现一定份额，离职时如果能够通过严格审核（审核时间可能长达6个月），还可以将自己拥有的虚拟股全额兑现，这样的改变较之前的持股制度有了很大进步。不仅如此，华为的持股员工还有权选举和被选举出51名股东代表，而这51名代表中可以轮流选出13人担任董事会成员，其中5人还可以担任监事会的成员。这些举措都能够让员工将自己视同公司股东，与公司共担风险，共享成功，让他们感觉到为公司做贡献的同时也是在为自身创造价值，这样的激励政策效果远超过各种空洞无力的口号和动员大会。

第三个阶段在2008年以后，在美国次贷危机引发的全球经济危机大背景下，华为再次调整了虚拟股制度，实行饱和配股制。也就是说，每个员工的配股上限有定额，每个级别达到上限后，就不再参与新的配股。比如13级的员工持股上限为2万股，14级为5万股等。这次改革主要考虑到新员工需要持股的空间，因此，让手中持股数量巨大的老员工受到一定限制。一方面，可以避免老员工因为财富不断增加而失去了最初的奋斗精神，使华为"以奋斗者为本"的文化发生变质；另一方面，可以起到更强的激励作用，能够刺激员工不断地向更高级别攀升，从基层业务人员迅速成长为企业骨干。

2013年华为还曾推出过外籍员工持股计划。这项计划也被称为"时间单位计划",也是每年根据员工的岗位级别、绩效等配给一定数量的期权,期权不需要员工花钱购买,五年为一个结算周期。这意味着外籍员工留在华为努力工作的时间越久,获得的股票期权将越发可观,有助于吸引、团结全球各地的人才为华为服务。

总之,无论华为的员工持股制度如何改动,其内涵的基本理念是恒久不变的,它体现出了任正非一直强调的"利益分享以奋斗者为中心"的华为文化,反映了《华为基本法》中一贯的宗旨:"我们是用转化资本这种形式,使劳动、知识及企业家的管理和风险的积累贡献得到体现和报偿;利用股权的安排,形成公司的中坚力量和保持对公司的有效控制,使公司可持续成长……我们实行员工持股制度。一方面,普惠认同华为的模范员工,结成公司与员工的利益与命运共同体;另一方面,将不断地使最有责任心与才能的人进入公司的中坚层;我们实行按劳分配与按资分配相结合的分配方式……"在员工持股制度的基础上,全体员工无论级别高低,统统都是华为共同体的一分子,共享利益,共同进退。华为能够从一个没有任何创新能力的小企业,成长为通信行业的"巨型航母",员工持股计划功不可没。

四、小米：灵活有效的多种激励模式

2010年4月,小米公司正式成立,随后推出了MIUI首个内测版。2011年8月,首款小米手机发布,获得了消费者的认可,开放购买后10万台库存半小时便销售一空。

此后,小米以超越想象的速度快速成长:2011年销售额达到5亿元,2012年暴涨到126.5亿元,2013年达到316亿元,2014年达到743亿元……短短几年时间,小米就做到了传统企业几十年都无法到达的体量。

作为互联网高科技企业,小米对人才的依赖毋庸多言。创始人雷军曾经说过：公司最宝贵的财富是人。为了吸引和留住人才，充分发挥人才的能动性，小米非常重视股权激励，早在创业之初，就已经有了比较科学的股权激励规划，为日后的高速成长奠定了良好的基础。

当时，雷军花费了大量时间为小米的初创团队寻找人才，最后找到了7名有技术背景、管理经验的高端人才加盟，组成了小米的创始人团队。其中包括曾担任谷歌研究院的副院长、工程总监、全球技术总监的林斌，担任过微软工程院首席工程师的黄江吉，担任过谷歌第一产品经理的洪峰，担任过摩托罗拉北京研发中心总工程师的周光平，顶尖工业设计师刘德，再加上雷军在金山的同事和好搭档黎万强，共同组成了"超豪华"的精英创始人团队。

想要留住这几位顶尖人才，维护团队的稳定，单靠工资和奖金显然是不现实的。于是雷军慷慨地拿出一部分股权，分配给其他联合创始人，同时预留了15%的期权池，用于日后激励新成员。

在2011年上市前，小米通过了"首次公开发售前雇员购股权计划"，其中包括三种激励模式：

第一种是"购股权"，相当于股票期权，即授予激励对象在未来以某一价格购买公司股票的权力，这个价格一般远低于上市时的股价；

第二种是"受限制股份"，相当于限制性股票，授予时无偿或按照约定的价格出售给激励对象，但这些股份的权利受到限制，不能转让、抵押、质押或偿还借款；

第三种是"受限制股份单位"，在授予日公司并未将股票直接交付给员工，而是要在员工满足归属条件或达成一定的绩效后，公司再选择用现金或股份支付。

这三种方案体现了小米股权激励的灵活性和人性化，不仅如此，小米还为核心员工提供了灵活的薪酬模式，员工可以选择全额现金薪酬，也可以选择三分之二的现金薪酬和一部分股份，还可以选择三分之一的现金薪酬和更多的股份，这给了员工更大的选择空间，同时公司也可以节约现金流，降低资金压力。

在上市前，小米有7 000多名员工参与了公司的股权激励计划，超过了当时总员工数的三分之一，授予总比例占总股本的11.23%。但是获得500万股以上的员工仅有87人，也就是说，只有最核心、最关键的员工才能获得最大限度的激励，而且人才级别越高，股权激励的"成熟期"就越长，特别是核心高管股权的成熟期基本上都在五年以上，这样就能起到降低离职率、留住人才的作用。

在上市后，小米频频推出新的股权激励计划，激励对象的范围从本公司员工扩大到了上下游的合作伙伴，如分销商、承包商、供应商等。在这个阶段，股权激励模式有两大类：第一类是类似于股票期权的"购股权激励"，截至2022年7月，小米已实施了四次购股权激励。由于上市后"购股权"的认购价要求较高，激励对象的收益高低完全取决于行权时的股价，因而有较大的不确定性，激励效果相对较弱。第二类是"股份奖励计划"，截至2022年7月，小米已实施了15次股份奖励激励。员工只要满足一定条件，无须支付费用即可获授，由于获取成本低，收益有保障，激励效果较好。

值得注意的是，无论是上市前，还是上市后的股权激励，小米都没有对员工做出业绩方面的要求，这与小米奉行的企业文化有直接的关系。在小米内部，全员提倡责任意识，要求对用户负责，这种强烈的责任感已经能够取代硬性的KPI考核管理，因而达到了理想的激励效果。按照雷军的说法，那就是"我们决定继续坚持'去KPI'的战略，放下包袱，解掉绳索，开开心心地做事。"但这种做法不一定适合所有的企业，倘若没有这种健康的企业文化做保障，照搬小米模式肯定是行不通的。但是，小米以人为本、重视人才、尊重人才、乐于与人才分享利益的做法确实是值得广大企业学习的。

五、腾讯：实现公司与员工的双赢

1998年，马化腾与大学同学一起创办了腾讯公司，最初的主营业务是为寻呼台打造网上寻呼系统。但马化腾并不满足于此，他很早就看到了互联网的巨大潜力，决心开发一款即时通信网络工具。1999年，腾讯推出了QQ，不到一年注册用户数就突破了100万。第二年这个数字突破了1 000万。随着移动QQ、QQ游戏的运营，QQ进入越来越多年轻人的生活，也改变了一代人的沟通和娱乐方式。

2004年，QQ游戏在线人数达到100万，成为国内最大的游戏门户。这一年，腾讯在港股上市，成为首家在港股上市的互联网企业。此后，腾讯不断推出有影响力的新产品，用户群体也从年轻人扩大了更大的年龄段，QQ游戏等业务带来的收入更是与日俱增。到2010年，QQ同时在线人数突破一亿人，可谓是空前的成功。然而，腾讯的探索之路并未停止，在2011年，腾讯又推出了微信，这款专为智能手机用户提供的免费应用程序以惊人的速度走进了人们的生活。到2013年初，微信用户数就已经突破3亿，成为全球下载量和用户量最多的通信软件。微信使用虽然是免费的，但腾讯却可以通过广告收入、商业合作、微信支付和理财轻松实现盈利。再加上腾讯本身的游戏、视频、广告等多元化服务，使得腾讯能够持续保持较高的增速。2021年，腾讯全年净利润达到2 248.2亿元，同比增长41%。

在快速成长的同时，腾讯一直非常重视对员工的股权激励。在上市前就推出过购股权计划，相当于股票期权，即授予员工在未来的某个时间点以约定价格购买公司股票的权力；在上市后，腾讯又实施过四次购股权计划。根据腾讯的公告，购股权计划的有效期一般为7～10年，前四次激励的已行使股数约为10.64亿股，2017年购股权计划授出的股数也达到了37 909万股。

2007年，腾讯推出了股份奖励计划，相当于限制性股票，从激励总量和激励对象的人数来看，腾讯股权激励的重心早已从购股权计划转向了股份奖励计划。比如在2019年，股份奖励计划的激励对象为2.32万人，授予总量为3 418万股，按照当时的股价，人均获得的股份价值约为50万港元；2020年，激励对象数量进一步增加，达到2.97万人，约占当时腾讯员工总数的三分之一，授予量达到2 664万股，按照当时的股价，人均获得的股份价值约为49万港元。

与股份奖励计划相比，购股权的激励对象就要少得多，上市前只有250多名员工获得购股权激励，上市后获得购股权的员工不足百人。

腾讯的股权激励从购股权转向股份奖励计划也是符合公司发展特点的，在公司的高速成长期，股价涨幅较快，采取购股权激励，员工能够获得更多的股票市价和行权价之间的差额收益，激励效果非常明显；但是当企业进入稳定成长期后，股价涨幅较小，再继续采用购股权激励，激励力度就会变得非常有限，所以，腾讯选择实施股份奖励计划，让员工获取股票的成本降低，收益更大，自然能够取得更加理想的激励效果。

需要指出的是，腾讯的股权激励覆盖范围虽大，但也不是搞平均分配，吃"大锅饭"。在"定人"方面，腾讯拒绝"论资排辈"，而是以实际工作成果衡量员工的表现，业绩突出、表现优秀的员工更容易成为股权激励对象；腾讯还有一套科学的评价机制，在2022年还将"1~5星"阶梯式考评机制简化为三档，避免员工过于追求短期的、精细的评价结果，而是能够将注意力集中在工作目标上，集中在自身的长期发展上。如此一来，员工的考核压力得以减轻，绩效表现却得到了提升。而且员工们非常清楚，只要切实做好业绩贡献，便可获得可观的薪金和股权激励，反之即便职级再高，不能为公司带来实在的成果，也不会成为股权激励的对象。

正如马化腾所说："对于腾讯来说，业务和资金都不是最重要的，业务可以拓展，可以更换，资金可以吸收，而人才却是最不可轻易替代的，是我们最宝贵的财富。"腾讯的股权激励就体现出了这种可贵的人才理念——

要让优秀的人才能够充分获益，才能牢牢地抓住他们的心，使他们能够真正成为"企业发展的第一生产力"。

六、百度：公司不同发展阶段的股权激励

2000年初，李彦宏放弃了在美国硅谷的高薪工作，毅然回到祖国，创办了百度公司。百度在成立之初，就以"用户至上"为信念，努力进行技术创新，将便捷高效的互联网搜索服务提供给用户。

百度先后推出了中文搜索引擎门户百度、百度贴吧、垂直搜索、门户频道等，全面覆盖了用户的搜索需求；在搜索产品不断丰富的同时，百度还推出了营销推广服务，赢得了企业用户的青睐；而百度联盟则将数百万中小网站聚合在一起，不但给了小网站生存和发展的机会，而且为公司带来了极为可观的收益。

进入移动互联网时代，百度把握趋势进行技术变革，让用户能够通过移动搜索产品找到自己所需的服务，从而实现"人与服务"的连接……

历经20多年的发展，百度已经成为国内最具价值的品牌之一，2021年，百度营收达到1 245亿元，同比增长16%。

从百度的发展历程来看，这是一家以技术创新为动力的公司。百度不仅在搜索技术方面遥遥领先于其他公司，还在智能语音、自动驾驶、智能推荐等多个领域占据鳌头。百度之所以能够做到这一点，与其在研发、创新、人才引进等方面进行了极大的投入有分不开的关系。比如在2020年，百度核心研发费用占收入的比例就超过了21%。2021年，这个数字更达到了23%，可见百度在研发方面的投入强度。

与之相应的是百度对人才的高度重视，为了吸引和留住更多的优秀人才，百度实施了股权激励计划。值得注意的是，百度的股权激励次数虽然不多，但都是根据公司发展的不同阶段适时推出的，也都取得了不错的效果。

在百度的初创期，公司资金还比较有限，无法给予员工较高的薪酬，甚至一度还发生过降薪的情况。为了不让员工对公司感到失望，避免出现人才流失，百度实施了股权激励，激励模式为限制性股票和股票期权，激励对象包括百度董事会成员、公司雇员、顾问等，也有少量对公司有贡献的外部员工，授予总额约为4亿股普通股。股权激励延长了员工获取回报的周期，减少了员工的不满，并且还能促使员工更加关注公司的未来，同时也降低了公司的现金激励成本，有助于度过举步维艰的初创期。

在百度的成长期，公司收入快速增长，现金流比较充裕，在激励方面不会再有"捉襟见肘"的问题。在2008年，百度适时推出了新的股权激励计划，一方面，奖励与公司共同进退的"功臣"；另一方面，奖励为公司创造最多价值的优秀员工。激励模式主要是限制性股票和股票期权，授予总额约为2.74亿股普通股，有效期不得超过十年，其中持有股本10%以上投票权雇员的期权有效期最长不超过五年。到2018年，该股权激励计划已届满。

2018年，百度再次推出股权激励计划，此时的百度已处于成熟期，业绩稳健增长，资金非常充裕，正是进行股权激励的大好时机。为了发挥股权激励的留人的作用，百度规定，员工所获的期权在第一年是不可以兑现的，员工从第二年起逐步行权，可以一次行权四分之一，并且每个月可以认购可认购期权总数的四十八分之一。当然，百度还会根据员工的表现授予新的期权，这样股权激励既能激发出员工的工作积极性，又能对员工形成一定的约束，减少了优秀员工的离职问题。

此次股权激励也向外界透露出了一个良好的信号，那就是百度的团队对公司的长期发展充满信心。随着业务拓展不断取得成功，新产品日渐成熟，百度股价不断攀升，股权激励也能够让员工获得更多的收益，激励效果非常显著。而且在历次股权激励中，研发人员的费用占比都是最高的，从这也能看出百度重视技术、重视研发的"初心"未改。

企业进行股权激励时,不妨参考百度的做法,结合公司的实际发展阶段、业务重心、发展战略等合理确定激励时点、激励对象和激励模式,能够起到事半功倍的效果。

七、京东:多维度、全方位激励人才

1998 年,24 岁的刘强东在北京中关村海开市场开始了自己的创业之旅,当时他只有一个不大的小柜台,但通过合理的定价吸引了不少回头客。一段时间后,他的"京东"成为有影响力的代理商,销量与日俱增。

然而,火爆的线下零售遭到了突如其来的"非典"的重创,眼看街头人烟稀少,商品无人问津,刘强东为了打开局面,将注意力转向线上,在 2004 年开辟了京东多媒体网,让足不出户的消费者可以借助网络购买到需要的电子产品。

经过一番苦心经营,京东的电商之路越走越稳,从主营 IT 产品,到数码通信产品,再到全品类扩张,京东终于成为一个一站式消费电商平台。

在把握品类的同时,京东还格外关注物流问题。长久以来,消费者对部分快递公司服务质量差、时效慢的问题多有微词,特别是从网上购买价格昂贵的电子产品后,消费者非常担心不负责任的快递员暴力分拣,会造成产品损坏,给自己造成损失。面对这样的问题,刘强东大胆做出了"自建物流"的决定,在 2010 年,京东获得了大笔融资,也为物流建设解了燃眉之急。京东的物流服务得以不断升级,逐渐成为电商配送难以超越的标杆,也赢得了众多消费者的认可和喜爱。

此后京东保持高速发展,2014 年在纽约纳斯达克上市,成为"中国电商第一股"。如今的京东,已经成为国内领先的电商平台,2021 年全年净收入达到 9 516 亿元。可是在京东营收创新高的同时,归属于普通股东的净损失却达到 36 亿元。这固然有与开拓新业务和投入物流建设造成的大笔支出等原因有关，也和京东用于股权激励的高昂费用有关系。

京东是一家非常重视员工薪酬福利的企业，经过多年发展，旗下员工已经超过40万人，而且和一般的互联网企业不同，京东的员工中有很大一部分是物流人员。那么，京东是如何建立健全薪酬体系、完善员工的福利保障措施的呢？

2008年，京东就启动了股权激励计划，每年用于股权激励的成本不断增加，如2013年激励成本就达到8100万元，其中用于物流板块的激励远高于研发板块。随着员工规模不断扩充，京东更是将"长期激励"写入了集团可持续发展报告中，用于吸引优质人才、稳定人才队伍。

2014年京东上市之后，股权激励模式以限制性股票和股票期权为主。有数据显示，2018—2020年，京东确认归属的股权激励总量超过6600万股，按照当时的股价计算，这些股权价值人民币150多亿元，即使是普通员工，只要为公司作出了突出的贡献，也可以通过股权激励获得可观的财富，这让他们的工作积极性大幅提升。

尽管京东出现了亏损，但其未来发展态势良好，员工也对公司的未来充满信心，股权激励能够产生不错的激励效果。而京东高层更加重视企业的长远未来，重视发挥"人"的价值，所以即使出现亏损，也没有减少或终止股权激励。

除了股权激励以外，京东的现金薪酬和福利措施也受到了员工的欢迎。2021年7月，京东提出要用两年时间，将员工平均年薪从14薪涨到16薪，让员工的收益又上了一个新台阶。而京东也一直为员工全额缴纳包括商业保险在内的"六险一金"，给员工带来了良好的保障。

此外，为了解决员工的住房问题，京东还推出了"安居计划"，只要员工符合一定的条件，就可以获得公司提供的购房无息或低息借款，京东的福利租房、宿舍也为很多员工带来了便利。

京东采用了短期激励、长期激励、多维度、全方位的激励措施，充分显示了"认同价值、维护尊严、关怀员工"的公司价值观，不仅激发了员工的工作积极性，还将公司的长远发展与员工个人收益直接挂钩，使员工心甘情愿地为公司作贡献。与此同时，京东的人才观也得到了很好的展现，会让更多有能力的人才选择成为京东的一分子，与它共同成长、共同发展……

八、联想：35%的股权如何分配

1984年，柳传志带领着中科院的几名计算机科技人员，创办了联想公司。最初联想是为国外品牌做分销代理，但很快就推出了自己品牌的个人电脑，利润也滚滚而来。1992年，联想营业收入已经达到3亿美元。

然而，在联想高速发展的同时，管理上的弊端也逐渐暴露出来。联想的元老管理水平和精力都比较有限，年富力强、能力突出的骨干员工又缺乏一个展现才华的舞台。为了公司能够更好更快的发展，柳传志想到了股权激励的办法，既能激励年轻员工，又能回报和安抚元老，同时还能顺利实现管理层的新老交替。

于是，联想在1993年实施了干股分红激励，员工持股会拥有35%的分红权，再将这些分红权在管理层和员工间进行合理的分配。

为了实现公平、公正的分配，这35%的分红权被分为35%、20%、45%三部分。35%的这部分用于激励给公司立下汗马功劳的15名元老级员工，能够发挥出"金色降落伞"的作用，让元老们付出的心血和汗水得到应有的回报，也让他们愿意将权力让渡给更加合适的年轻骨干，因为他们很清楚，只有这样做，才能让公司保持更快的发展速度，自己也能够获得更多的分红。

20%的这部分用来激励当时公司内部的160位核心员工，使股权激励能够发挥出"金手铐"的作用，让员工的个人利益与公司长远利益牢牢绑定，促使他们能够更加努力地投入工作岗位中，为工作创造更大的价值。

45%的这部分被留存下来，可以用于未来的激励。一方面，现有的员工作出了更大的贡献，可以用这部分股权中进行激励；另一方面，未来加入公司的员工表现出色，也能够成为股权激励的对象，这也会成为一种吸引新人才的办法，可以让联想的团队保持年轻、保持高效。

在实施分红权激励计划的几年中，联想营收增长显著，1994年营收为54亿元，到1998年已经增长到176亿元。联想的这次股权激励能够取得成功，也是因为照顾到了老、中、青三代员工的切身利益，而且能够让员工认为自己的"付出"与公司给予的"回报"是成正比的；而且股权激励在设计时既没有忽略公司的未来、现在，又能够考虑到公司的长远发展，把未来吸纳人才、留足激励空间作为激励计划的重点，这是值得学习和借鉴的。

从1998年起，联想将分红权逐步过渡为股权，主要以购股权的方式进行，拥有分红权的员工需要追加一部分资金才能获取股权。2005年后，联想的股权激励走上正轨，采用的激励模式有股份增值权（所有权一般不超过四年）、受限制股份单位（期限不超过四年）、绩效股份单位（视公司业绩是否达到三年目标而定）。

在联想的薪酬机制中，股权激励属于长期激励，固定薪金属于短期激励，浮动奖金属于中期激励，主要按照公司业绩和个人表现而定。对于联想的高管们来说，股权激励在薪酬中的占比是最高的，能够达到47%，而固定薪酬占比最低，约为17%。对于普通员工来说，股权激励的占比虽然没有这么高，但能力、业绩突出的员工也可以获得相当可观的回报，而且员工还能获得一定的奖励收入。联想董事长兼CEO杨元庆就曾自掏腰包设立"元庆特别奖"，用于奖励一线基层员工，2022年他甚至主动放弃了自己价值8 000万元的长期激励，把这份特别的奖金分给产线工人，这种企业家的胸襟是令人敬佩的。

联想的股权激励计划能够吸引和留住人才，对提升公司管理能力、经营能力都产生了非常积极的作用。与此同时，公司股价也不断提升，这也说明市场对企业的盈利能力和未来发展前景是非常认可的。

九、方太：家族企业的"全员身股制"

方太的前身飞翔集团主要生产电子点火枪，产品远销国外，获得了丰厚的利润，创始人茅理翔也被人们称为"点火枪大王"。

然而，点火枪产品技术含量较低，竞争对手纷纷投入生产，使得市场供过于求的情况十分严重。再加上一些不法商家以次充好，一再压低价格，对飞翔集团的生存和发展造成了极大的压力。

为了找到出路，茅理翔和儿子茅忠群进行了二次创业，果断放弃了点火枪业务，转向潜力十足的厨电业务，而且将目光聚焦于抽油烟机产品，决心重建新品牌"方太"。

为了生产出让消费者认可的抽油烟机，他们进行了大量的市场调查，研究现有产品的优缺点，找到了功能改进的方向。之后，他们又重金礼聘技术人员，推出了"罩电分离"、拆洗容易的新产品，受到了消费者的青睐，当年便售出了3万台。随后，方太又深入研究消费者需求，推出了一系列高品质、高科技新产品，更是赢得了目标用户的喜爱。仅三年时间，方太就荣升抽油烟机市场占有率第二名。

方太的成功吸引了竞争对手的目光，他们频频跟风模仿，试图靠"价格战"打压方太。但方太却逆势而为，坚持研发生产功能更全面、质量更精良、外观更美观的高档产品，最终为自己打造出了一条新路，也实现了向高端品牌的转型。

如今，方太凭借自身的实力稳居行业领导者地位，2017年便成为首家营收突破百亿的厨电企业，2021年营收达到155亿元，同比增长29%。

方太能够取得惊人的成功，与它拥有一支凝聚力、战斗力极强的人才队伍有很大的关系。而方太是一家家族企业，它是如何激发全体员工的归属感和责任心的呢？答案就是股权激励。

方太在正式实行股权激励前，最初的想法是对管理层和骨干员工进行激励，但最终落实的却是面向全体员工的"全员身股制"，希望普通员工也能和公司同享经营成果。为了听取员工的意见，在形成身股激励机制时，方太曾经组织公司各部门进行系统讨论，对方案修改过16稿，最终才得以实施。

按照方案的规定，任职满两年的员工自动成为激励对象，他们获得"身股"是不需要额外支付费用的。

从2010年起，公司每年分红一次，最初员工不但能够从公司利润中获得一定的分红，还能从自己所在的事业部或子公司取得分红；2012后对身股制进行了调整，除了还未产生利润的初创事业部可以享受公司利润分红外，员工只享受自己所在事业部或子公司的利润分红。不过由于预留利润比例大幅提升，员工实际分红只多不少。

需要指出的是，方太的"全员身股制"并不是搞平均分配，公司考虑到了员工的工作态度、工作表现等因素，确定了以岗位价值为核心要素的"额定身股数"。在分红时则需要用员工的"额定身股数"乘以个人综合评定系数，再乘以出勤系数，最后才能定出实际的"分红身股数"，所以，员工的业绩表现越突出、工作态度越认真、为公司作出的贡献越大，获得的分红就会越多。这会对优秀的员工形成一种强刺激，能够促使他们认真对待工作，努力完成目标。方太的销售收入每年能够保持30%左右的增速，"全员身股制"功不可没。不仅如此，由于"身股制"有"人走股消"的特点，在客观上降低了员工的离职率，有助于提升方太团队的稳定性。

方太的股权激励引起了众多企业研究和学习的兴趣，不过在实践中，我们必须弄清楚一点，那就是"身股"并不是真正意义上的股权，而只是分红权，采用"身股"激励不会影响公司的股权结构，但是很容易引起员工的误解,比如会让部分员工觉得公司是在"画大饼",导致激励效果很不理想。所以,企业一定要制定有效的配套机制,最好能够对"身股"进行内部登记,还要做好内部宣导工作,消除员工在认知上的误区;同时,公司财务也要进行规范的披露,特别是在分红阶段,更要让员工看到真实的财务数据,才能打消员工的疑虑。像方太的做法是让人力资源部与员工沟通后,颁发身股持股证,使员工产生仪式感;而人力资源部还会向员工提供咨询服务,并会进行相关培训,以改变员工的态度,使他们更加关注公司发展和效益提升,因为这直接关系到每个人的切身利益。

此外,身股激励需要设置一定的进入门槛,比如方太就设定了"入职满两年"这个条件;与此同时,不同的员工获得的分红身股数量要和业绩表现挂钩,突出层次感、差别感,不能出现"干好干坏一个样"的情况,才能真正达到激励的目的。